南昌大学青年学者经管论丛

五因子
资产定价模型
及实证应用

A STUDY ON
FIVE-FACTOR ASSET PRICING MODEL
AND ITS APPLICATION

高春亭 著

社会科学文献出版社
SOCIAL SCIENCES ACADEMIC PRESS (CHINA)

摘　要

　　本书以 Fama-French 五因子模型贯穿全书，在分析 Fama-French 五因子模型在我国股市表现的基础上，以 Fama-French 五因子模型为主要的资产定价模型，研究了我国证券市场的流动性定价、IPOs 长期表现和基金绩效等方面的问题。这些问题的研究对深入认识我国证券市场资产定价的内在机制、提高我国金融市场的定价效率、认清我国金融市场运行的规律和存在的问题、帮助投资者提高投资效率和优化投资理念等都有重要意义。本书的特色在于以我国证券市场为样本对 Fama-French 五因子模型进行研究和应用，相应的创新之处和研究内容主要体现在以下几个方面。

　　首先，在全面分析规模、账面市值比、盈利和投资等因素与股票收益率关系的基础上，研究了 Fama-French 五因子模型在我国股市的适用性。具体来说，在使用流通市值加权法构造 5 × 5 投资组合的基础上，运用时间序列回归分析、GRS 检验和 Fama-MacBeth 两步法进行了全面研究。研究发现，Fama-French 五因子模型在我国股市中是适用的，而且在表现上优于 Fama-French 三因子模型。与美国股市相比，我国股市的规模效应、账面市值比效应和投资效应与之相同，而盈利效应则与之相反，且这种效应特征主要集中在规模较小的股票中。在将样本进一步分成牛市样本和熊市样本的研究中，本书发现除规模效应外，账面市值比效应、盈利效应和投资效应在两个市场状态下的表现都相反；而检验 Fama-French 五因子模型在两个市场状态下的适用性时发现，其在两个市场状态下都是适用的，而且在熊市状态下表现得更好。

其次，在使用 Amihud 提出的非流动性测度及 Kang 和 Zhang 近期提出的改进的 Amihud 非流动性测度等作为流动性度量指标的基础上，将 Fama-French 五因子模型与 CAPM 模型、Fama-French 三因子模型一起应用于流动性定价的研究。通过使用等权重法构建 1×10 投资组合，在研究我国股市平均收益中存在的流动性溢价、规模溢价、账面市值比溢价、盈利溢价和投资溢价的基础上，本书进一步研究了不同因子定价模型对这些溢价的解释能力。研究不仅发现，使用改进的 Amihud 非流动性测度可以得到比直接使用 Amihud 非流动性测度更显著的流动性溢价，而且发现 CAPM 模型、Fama-French 三因子模型、Fama-French 五因子模型和流动性扩展的 CAPM 模型都不能同时对这些溢价进行有效解释，但是使用 Amihud 非流动性测度构造的流动性因子扩展 Fama-French 五因子模型得到的六因子模型可以对它们进行有效解释。

再次，将 Fama-French 五因子模型及其拓展模型与 CAPM 模型、Fama-French 三因子模型一起用于研究我国 IPOs 的长期表现，同时分析了公司规模、盈利能力、账面市值比和投资水平等因素与 IPOs 长期表现的关系。研究发现，除在使用总市值加权法的情况下例外之外，使用 Fama-French 五因子模型及其拓展模型得到的结论都与使用 Fama-French 三因子模型得到的结论相一致。在大部分情况下，公司规模与 IPOs 长期表现存在显著的负相关关系，盈利能力和账面市值比因素与 IPOs 长期表现存在显著的正相关关系，但在投资水平与 IPOs 长期表现之间不存在显著的相关关系。

最后，在以 Fama-French 五因子模型及其拓展出的 Fama-French-Carhart 六因子模型与 CAPM 模型、Fama-French 三因子模型和 Fama-French-Carhart 四因子模型一起作为风险调整模型的基础上，使用 Hoechle 等近期提出的 GCT 回归模型对开放式基金绩效相关因素进行了分解。通过与固定效应模型进行的对比研究发现，在固定效应模型下历史绩效、规模、个人投资者占有比例三个基金特征与其半年期未来绩效的关系是显著且稳健的，而在 GCT 回归模型下只有规模和个人投资者占有比例两个基金特征与基金绩效的关系是显著且稳健的。在使用 GCT 回归模型的情况下，相比 Fama-French-Carhart 四因子模型，当使用 Fama-French 五因子模型和 Fama-French-Carhart 六因子模型时，资金净流入和费用率因素不再显著，而家族规模因素变得显著。

关键词： 五因子模型　资产定价　流动性定价　IPOs 长期表现基金绩效

Abstract

With Fama-French five-factor model throughout this book, the performance of Fama-French five-factor model is examined first, and then the pricing of liquidity, IPOs long-term performance and mutual fund performance in Chinese securities market are studied mainly based on this asset pricing model. Studies on these questions not only can help recognizing the internal asset pricing mechanism, improving the pricing efficiency, realizing operation rules and existing problems in Chinese financial market, but also can help investors improving investment efficiency and updating their investment theory. One main characteristic of this book is the study and application of Fama-French five-factor model with the Chinese securities market as sample. Innovation parts and main points of the book embody in the following aspects:

Firstly, by analysis of the respective relationships between stock returns and size, B/M, profitability, investment in advance, the feasibility of Fama-French five-factor model is studied. Specifically, time series regression, GRS test and Fama-MacBeth two-step method are used in study based on the construction of 5×5 value-weighted portfolios. The results show that not only Fama-French five-factor model performs very well in Chinese stock market, but also it is better than Fama-French three-factor model. Compared to the results in USA stock market, the size effect, B/M effect and investment effect behave in the same way, but the profitability effect behaves in the opposite way and it is mainly manifested in small stocks. When doing further research by separating the samples into bear market sample and bull market sample, the results show that the B/M effect, profitability effect and investment effect behave in the opposite way in the two states of market except the size effect. The results also show that not only Fama-French five-factor model is feasible in the two samples, but also it performs better in the bear market.

Secondly, with the Amihud illiquidity measure and Kang and Zhang's improved Amihud illiquidity measure which was put forward recently to calculate the liquidity, Fama-French five-factor model is applied to the pricing of liquidity along with CAPM model and Fama-French three-factor model. By constructing 1×10 equal-weighted portfolios, the liquidity premium, size premium, B/M premium, profitability premium and investment premium are studied. The explanatory power of several factor models is checked further. The results show that the liquidity premium from Kang and Zhang's improved Amihud liquidity measure is more significant than that from Amihud liquidity measure. None of CAPM model, Fama-French three-factor model, Fama-French five-factor model and liquidity augmented CAPM model can explain all premiums at the same time. But the new six-factor model obtained with the liquidity factor from Amihud liquidity measure to augment Fama-French five-factor model can do.

Thirdly, Fama-French five-factor model and its derivative model are applied to study the long-run performance of IPOs along with CAPM model and Fama-French three-factor model. The relationship among company size, profitability, B/M, investment and the long-run performance of IPOs is also studied further. The results show that the conclusions from Fama-French five-factor model and its derivative are consistent with that from Fama-French three-factor model except under the condition of total value-weighted method. And in most cases, there is significant negative relationship between company size and the long-run performance of IPOs, there is significant positive relationship between profitability, B/M and the long-run performance of IPOs. But there is no significant relationship between investment and the long-run performance of IPOs.

Finally, by Fama-French five-factor model and Fama-French-Carhart six-factor model along with CAPM model and Fama-French three-factor model as risk adjusted model, the book uses the GCT regression model which was recently proposed by Hoechle et al. into the decomposition of open-end fund performance and is compared to fixed effects model. History performance, size, individual investors holding proportion are significant and robust under fixed effects model. But only size and individual investors holding proportion are significant and robust under GCT regression model. Compared to Fama-French-Carhart four-factor model, when using Fama-French five-factor model and Fama-French-Carhart six-factor model, net inflows and expense ratio are no longer significant, but family size becomes significant.

Keywords: Five-factor Model; Asset Pricing; the Pricing of Liquidity; the Long-run Performance of IPOs; Fund Performance

第一章 绪 论

一 研究背景与研究意义

自 1990 年底沪深交易所先后成立以来，我国证券市场的发展已经迈过了 25 年。在这 25 年多的时间里，我国证券市场获得了迅速发展，从仅有主板市场发展成包括主板、中小企业板和创业板等多层次的证券市场体系。根据沪深交易所统计资料①，截至 2015 年 12 月底，沪市上市公司达到 1081 家，深市上市公司达到 1746 家，其中包括中小企业板上市公司 776 家，创业板上市公司 492 家，中小板和创业板上市公司两者占比达到沪深上市公司总数的 45% 左右。沪市上市公司总市值达到 295194 亿元，深市上市公司总市值达到 236110 亿元，其中，中小企业板上市公司总市值达到 103950.47 亿元，创业板上市公司总市值达到 55916.25 亿元，中小板和创业板上市公司总市值占比达到沪深上市公司总市值的 30% 左右。虽然我国股市在总体规模上已经获得了很大的发展，但是还不成熟，影响了资产定价等功能的发挥。总体上来看，这种不成熟主要体现在三个

---

① 数据来源于上海证券交易所，http://www.sse.com.cn/；深圳证券交易所，http://www.szse.cn/。

1

方面：一是监管体系还不完善，对股市的管理能力还有待提高；二是上市公司治理水平不高，企业运营能力与上市公司表现差距较大；三是在投资者结构中，机构投资者总体实力仍然相对较弱，散户投资者占有较大比重，高换手率和非理性的投资行为对证券市场的波动影响较大。长期以来，这些特征从不同侧面对资产定价效率产生了深远影响，使我国股市资产定价机制变得更加复杂。

证券市场之所以能够发挥资产定价功能的一个前提条件是上市公司股票不断受到供给和需求的作用而发生证券交易活动。证券交易活动情况反映了上市公司股票的流动性水平。近年来，流动性管理在证券市场监管中的地位越来越重要。为了应对股市暴涨暴跌，2016 年初我国股市引入了熔断机制，但是在随后的运行过程中效果并不理想而被迫暂停使用。熔断机制和涨跌停板、T + 1 交易制度等都可以视作流动性管理的重要工具，熔断机制的暂停实施表明，监管者应充分研讨不同流动性管理工具组合使用时所带来的影响。再者，是否扩大涨跌停板限制及实施 T + 0 交易制度等问题引起了学术界和实务界的热烈讨论，怎样处理好流动性和金融市场波动的关系成了当前摆在我国证券监管者面前的重要课题。从单个股票来说，流动性溢价理论指出流动性较差的股票因为需要流动性补偿，所以通常会呈现出较高的收益水平。流动性溢价研究有两个重要方面：一是流动性测度工具的研究，二是流动性定价的研究。流动性的研究者分别基于高频和低频数据提出了多样的流动性测度工具。其中，Amihud（2002）提出的非流动性测度由于计算简便且适用于高频数据不容易获得的市场而得到了广泛的应用。但是，从我国股市个股交易数据可以发现，由于停牌制度是我国股市管理的一个重要工具，个股停牌时有发生，股票交易的连续性受到了影响。Kang 和 Zhang（2014）提出的改进的 Amihud 非流动性测度考虑到这一因素，因此更适合我国股市的现实情况。进一步研究这一非流动性测度下的流动性溢价表现，对于认识停牌等制度的影响具有重要意义。再者，使用这一测度构建流动性定价模型并研究其效果，对于深入认识我国资产定价的决定机制具有重要作用。

证券市场发展壮大的一个重要特征是上市公司数量的增加。上市公司数量的增加需要不断有公司通过首次公开募股（IPO）成为公众公司。IPO 是上市公司发展中的重要事件，IPO 不仅为上市公司提供了扩大发展所需的资本，而且也改变了公司的治理结构，对公司长期发展具有重要意义。国际上对 IPO 的研究自 20 世纪 90 年代就已经展开，结合我国的实际情况，国内的学者主要对 IPO 长期表现和短期抑价进行了研究。近年来，我国 IPO 表现出一些新的特征，其中主要有两个方面：一是 IPO 发行机制不断优化，从最初的审批制发展到现在的询价制，而且注册制的实施也已经提上了日程；二是不仅有公司在主板 IPO，也有公司在中小企业板和创业板 IPO，而且在后两个市场 IPO 的公司占比不断提高。在这样的背景下，进一步研究 IPOs 长期表现及其相关因素，不仅有利于帮助投资者充分认识投资 IPO 公司的收益和风险关系，也有利于深入认识我国资本市场效率的变化，为我国股市政策制定者进一步优化 IPO 发行机制，促进上市公司提高运营能力。

伴随着资本市场的成熟和壮大，我国基金业也获得了快速发展。根据中国证券投资基金业协会统计资料[①]，截至 2015 年 12 月，我国境内共有基金管理公司 101 家，管理的公募基金数量达到 2722 只，管理的公募基金资产合计达到 8.4 万亿元。其中，开放式股票型基金和混合型基金数量占比达到 65%。尽管基金数量和品种的增加为投资者提供了更多的选择机会，但是也增加了投资者的选择难度。

---

① 数据来源于中国证券投资基金业协会网站，http://www.amac.org.cn/。

怎样在众多的基金中选择表现最优的基金，最基本的方法是分析基金未来绩效与哪些因素相关。从投资者角度来说，认清基金绩效与哪些因素相关有利于在众多基金中做出取舍，优化资产配置。从基金管理公司来说，认清基金绩效与哪些因素相关可以为它们进行基金管理提供参考，促使它们改进投资技术，优化投资组合结构，提高基金公司的总体管理水平。从整个资本市场来看，认清基金绩效与哪些因素相关可以引导资本流向管理水平较高的基金，而管理水平较高的基金通常是那些能发现资本市场中的套利机会的主体，这些基金的进一步壮大，有利于发现套利机会、平抑市场波动、改善市场定价效率。在分析哪些因素与基金绩效相关的研究中，以前的研究者多使用两步法。Driscoll 和 Kraay（1998）、Hoechle 等（2016）指出，这种两步法由于在回归过程中忽视了横截面上的相关关系和第一步的估计误差，可能会严重地高估研究变量的显著性。Hoechle 等（2016）提出的 GCT 回归模型为同时对第一步和第二步进行合并回归提供了可能，克服了两步法的不足之处。将 GCT 回归模型用于我国基金市场的实证研究，有助于规避由两步法所导致的可能的估计误差，认清哪些因素与基金绩效存在稳健的相关关系。

综上所述，我国证券市场仍然处于不断完善和日趋成熟的过程中，探讨这一市场特征下的资产定价机制和定价效率，就需要从多个方面展开研究。本书以五因子资产定价模型[①]在我国股市的适用性为研究的开端，通过对比五因子资产定价模型在我国和成熟市场表现上的差异，直接分析我国股市资产定价的决定要素。然后通过分析五因子资产定价模型在牛熊市状态下的表现，认识市场状态对资产定价关系的影响。最后以五因子资产定价模型为纽带串联流动性

---

① 在本书里，五因子资产定价模型指的是 Fama-French 五因子模型，三因子资产定价模型指的是 Fama-French 三因子模型。

定价、IPOs 长期表现和基金绩效相关因素分解的研究，从这三个侧面进一步认识我国证券市场的发展现状，间接认识资产定价的内在决定机制。总的来说，本书的学术意义与实用意义在于从下几点。

（1）五因子资产定价模型的提出者是金融市场研究的先驱人物，研究的是基于美国成熟股市的学术前沿问题。对这一模型在我国股市适用性的检验和应用，有助于借鉴和吸收国际先进的研究思想，拓展国内金融市场相关学术研究的广度和深度，充实国内金融理论。

（2）本书能进一步挖掘上市公司基本面因素与资产收益的关系，对深入认识我国股市资产价格的决定因素具有重要意义。本书通过分析我国股市资产定价的影响因素，有助于股市中投资者改进选股理念、提高投资效率和规避投资风险。

（3）本书能拓展五因子资产定价模型、Kang 和 Zhang（2014）提出的改进的流动性测度指标和 Hoechle 等（2016）提出的 GCT 回归模型的应用范围，挖掘它们的应用价值。探索使用不同模型进行研究时的表现，不仅有助于分析不同模型所得结果的差异，也有助于提高研究结果的稳健性。对于进一步认识流动性定价、IPOs 长期表现和基金绩效的内在机制具有重要意义。

（4）本书能从直接和间接的角度对我国股市资产定价机制和资产定价效率进行分析，有助于全面认识我国证券市场资产价格的形成机制，发现我国证券市场发展中存在的问题，为证券市场监管者和发展政策制定者提供决策参考。

二　研究内容与分析框架

本书的主体部分包括五个方面的实证研究内容：一是五因子资产定价模型在中国股市适用性的检验；二是对五因子资产定价模型

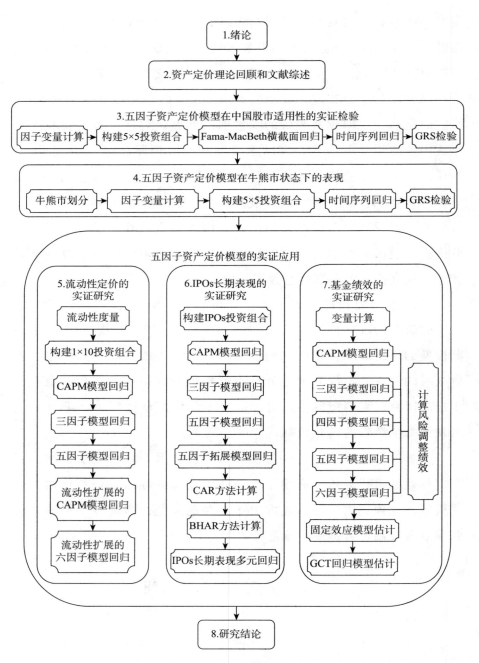

图 1 - 1　本书逻辑框架

在牛熊市条件下的表现进行研究；三是用实证分析方法研究我国股市流动性溢价的显著性及五因子资产定价模型对流动性溢价的解释能力；四是将五因子资产定价模型等应用于我国股市 IPOs 长期表现的实证研究，并实证分析与 IPOs 长期表现相关的因素；五是将五因子资产定价模型等应用于我国基金绩效相关因素的分解，研究分别将之与固定效应模型和 GCT 回归模型相结合时得到的研究效果差异做对比。

本书的主要逻辑框架如图 1-1 所示（注：图中数字表示章序号）。图 1-1 中的逻辑结构如下。第一章提领全书。第二章综述理论和研究文献，为后文的研究奠定理论基础。第三、第四、第五、第六、第七章是本书的主体部分，依次展开本书准备研究的五个方面。其中，第三章的研究表明五因子资产定价模型在我国股市是适用的，同时也表明在后文研究中运用五因子资产定价模型是可行的。第四章将通过分析五因子资产定价模型在牛熊市两个市场状态下的表现，进一步深化五因子资产定价模型在我国股市适用性的认识，为后面三个主体章节的展开提供更充分的理论支撑。第五、第六、第七章将依次研究流动性定价、IPOs 长期表现和基金绩效。这三章不仅是五因子资产定价模型应用的三个方面而与前文紧密联系在一起，而且在研究内容上与第三、第四章一起构成我国证券市场研究的几个侧面，对于认识我国证券市场运行情况具有重要意义。再者，在研究方法上，这三个章节在研究具体问题的同时都以分析和探讨五因子资产定价模型的表现为出发点和落脚点，在研究逻辑上具有一定的一致性。第八章将依据前几章的研究发现总结全书。具体来说，本书主体部分的研究内容有以下五个方面。

第一，对五因子资产定价模型在我国股市的适用性进行实证检验。

Fama 和 French（1993）提出的三因子资产定价模型在金融实证研究中占有重要地位，三因子资产定价模型表明市场因素、规模因素和账面市值比因素与资产收益之间存在显著的关系。Fama 和 French（2015a）在其三因子资产定价模型的基础上，加入盈利因素和投资因素提出了五因子资产定价模型，在以美国股市为样本数据的研究中取得了良好效果。那么这一五因子资产定价模型在我国股市中表现如何？第三章将以我国股市 1997 年 7 月至 2015 年 6 月共 18 年的数据作为研究样本，实证检验五因子资产定价模型在我国股市的适用性，并分析市场因素、规模因素、账面市值比因素、盈利因素和投资因素与资产收益的关系。

第二，对五因子资产定价模型在牛熊市状态下的表现进行实证研究。

由于在牛熊市状态下投资者情绪等方面的差异，五因子资产定价模型在牛熊市状态下可能会有不同的表现。第四章将第三章用到的研究样本划分成牛熊市样本，实证分析五因子资产定价模型在两个市场状态下的表现，并分析规模因素、账面市值比因素、盈利因素和投资因素与资产收益的关系在两个市场状态下表现的差异。

第三，对我国股市的流动性溢价现象和流动性定价进行实证研究。

流动性与资产收益关系的研究已经有 20 多年的历史，在对这一问题的研究过程中，国内外学者提出了多种基于低频和高频数据的流动性测度。其中，Amihud（2002）提出的非流动性测度应用较为广泛。近年来，Kang 和 Zhang（2014）针对发展中国家常会发生个股暂停交易的情况，提出了对零交易日期调整的非流动性测度指标。第五章将以我国股市 1997 年 7 月至 2015 年 6 月的数据作为研究样本，分别使用这两个非流动性测度，在对比分析由两者得出的流动性溢价显著性的基础上，依次检验 CAPM 模型、Fama-French 三因子模型和 Fama-French 五因子模型对流动性溢价的解释能力，同时也检验流动性扩展的 CAPM 模型对规模效应、账面市值比效应、盈利效应和投资效应的解释能力，最后提出既能解释流动性溢价又能解释规模溢价、账面市值比溢价、盈利溢价和投资溢价的流动性扩展的六因子资产定价模型。

第四，对我国 IPOs 的长期表现及其相关因素进行实证研究。

CAPM 模型和 Fama-French 三因子模型常被用于事件研究中，用来检验某个事件对上市公司收益影响的情况。IPO 是上市公司发展中的重要事件，IPOs 长期表现问题是金融市场研究中的重要问题。在我国股市中，长期来看 IPOs 有怎样的市场表现？国内学者选取不同样本、使用不同方法对这一问题进行了研究。第六章将以我国 1997 年 5 月至 2012 年 5 月进行 IPO 的 1793 个非金融行业公司为样本，再次对这一问题展开研究。在研究方法上，综合运用 Fama-French 五因子模型及其拓展模型、CAPM 模型、Fama-French 三因子模型、CAR 方法和 BHAR 方法对 IPOs 的三年期长期表现进行研究，最后进一步实证分析上市公司的规模、账面市值比、盈利和投资等因素与 IPOs 长期表现的关系。

第五，对我国基金绩效表现相关因素进行实证研究。

共同基金是金融市场上的重要参与主体，金融市场的稳定发展离不开共同基金等机构投资者的壮大。近几年来，我国发行的基金数量不断增多，尤其是开放式基金获得了膨胀发展。分析开放式基金绩效与哪些因素存在显著的相关关系一直都是基金研究的重要课题。传统的研究多使用两步法，即在第一步使用 CAPM 模型、Fama-French 三因子模型和 Fama-French-Carhart 四因子模型等计算风险调整绩效，在第二步使用固定效应模型等对风险调整绩效进行回归。

最近，Hoechle 等（2016）提出的 GCT 回归模型为同时对第一步和第二步进行合并回归提供了可能，克服了两步法的不足之处。第七章以我国 2007 年 5 月之前成立的 140 只偏股型开放式基金为样本，在将 Fama-French 五因子模型及 Fama-French-Carhart 六因子模型应用于计算开放式基金的风险调整绩效的同时，将 Hoechle 等（2016）提出的 GCT 回归模型用于基金绩效相关因素分解，以比较 GCT 回归模型所得结果与固定效应模型所得结果之间的差异。

三　研究思路与研究方法

除在第二章进行理论回顾和文献综述外，在本书主体部分的研究中，针对各章节的具体问题都使用实证研究方法。而在各章节，结合具体问题按照不同的研究思路，选用不同的研究模型和实证方法开展研究。主体部分各章节的研究思路和研究方法如下。

（1）在第三章，为了研究 Fama-French 五因子模型在我国股市的适用性，本书使用实证分析方法，通过与 Fama-French 三因子模型进行对比，探讨 Fama-French 五因子模型是否比 Fama-French 三因子模型在我国股市里更适用。具体来说，首先使用特征排序法构建以流通市值加权的 5×5 投资组合，分析我国股市横截面平均收益中表现出来的特征。然后使用 Fama-MacBeth 两步法进行横截面回归分析的同时，使用普通最小二乘法进行时间序列回归分析。最后使用 Gibbons 等（1989）提出的 GRS 检验等在总体上对比分析 Fama-French 五因子模型和 Fama-French 三因子模型在解释我国股市中存在的规模效应、账面市值比效应、盈利效应和投资效应等特征上的优越性。

（2）在第四章，本书首先将样本分成牛市和熊市样本。然后对两个样本分别按特征排序法构建以流通市值加权的 5×5 投资组合,分析股市平均收益特征在两个市场状态下的表现。最后分别使用时间序列回归法和 Gibbons 等（1989）提出的 GRS 检验等对 Fama-French 五因子模型在两个市场状态下的表现进行评价,分析 Fama-French 五因子模型在两个市场状态下的适用性和表现效果。

（3）在第五章,本书首先使用 Amihud（2002）的非流动性测度及 Kang 和 Zhang（2014）提出的改进的 Amihud 非流动性测度对样本内所有上市公司股票的流动性进行计算。其次借鉴 Liu（2006）的研究思路,将流动性指标和上市公司的规模、账面市值比、盈利和投资作为特征指标,并按这些指标进行排序构建以等权重法计算的 1×10 投资组合,得到流动性溢价、规模溢价、账面市值比溢价、盈利溢价和投资溢价的表现,并检验它们的显著性。再次使用 CAPM 模型、Fama-French 三因子模型、Fama-French 五因子模型、流动性扩展的 CAPM 模型等分析这些模型在解释流动性溢价、规模溢价、账面市值比溢价、盈利溢价和投资溢价上的能力。最后利用 Fama-French 五因子模型中的因子,构造出对这些现象解释效果更理想的模型。

（4）在第六章,本书使用 Fama-French 五因子模型及其拓展模型,结合 CAPM 模型、Fama-French 三因子模型、CAR 方法和 BHAR 方法对我国 IPOs 三年期长期表现进行研究。在研究过程中,分别使用等权重法、流通市值加权法和总市值加权法构建 IPOs 投资组合,并选择等权平均 CSMAR 综合市场指数收益率、流通市值加权平均 CSMAR 综合市场指数收益率、总市值加权平均 CSMAR 综合市场指数收益率及由总市值和账面市值比（B/M）确定的配比公司等权组合收益率为基准进行分析。最后使用多元回归分析研究与 IPOs 长期表现相关的因素。

（5）在第七章，本书通过分析国内外文献，选用历史绩效、规模、家族规模、资金净流入、成立年限、是否中外合资、个人投资者占有比例、费用率、股票投资比例和换手率等特征作为可能与基金绩效相关的变量，在使用 CAPM 模型、Fama-French 三因子模型、Fama-French-Carhart 四因子模型、Fama-French 五因子模型、Fama-French-Carhart 六因子模型作为计算基金风险调整绩效的定价模型的情况下，对比使用固定效应模型和 GCT 回归模型在研究基金绩效相关因素分解上的差异。

四　研究特色与创新之处

本书研究的特色在于借鉴国际金融市场研究的最新成果，以 Fama-French 五因子模型贯穿全书，在研究 Fama-French 五因子模型在我国股市表现的基础上，将 Fama-French 五因子模型应用于流动性定价、IPOs 长期表现和基金绩效分解三个方面的研究。本书研究的创新之处主要体现在以下三个方面。

第一，在以我国股市数据为样本的同时，分为牛市和熊市状态对规模、账面市值比、盈利能力和投资水平与资产收益的关系及 Fama-French 五因子模型的表现进行了研究。研究发现，在我国股市平均收益中表现出规模效应、账面市值比效应、盈利效应和投资效应，其中规模效应、账面市值比效应和投资效应与美国股市的表现相同，而盈利效应在规模大组的股票和规模小组的股票中表现出与之明显的差异，规模大组中的盈利效应与美国股市的表现相同，而规模小组中的盈利效应与美国股市的表现相反，且表现为股票盈利能力越强收益率越低。进一步的研究发现，盈利能力与换手率之间存在较显著的负相关关系，盈利能力较弱的股票所反映出的较强投机性可能是规模小组中盈利效应与美国股市不相一致的一个主要原因。在解释我国股市存在的这些效应特征上，Fama-French 五因子模型比Fama-French 三因子模型表现更优。另外，规模效应在牛熊市状态下的表现相一致，账面市值比效应、盈利效应和投资效应在牛熊市状态下的表现相反，而且 Fama-French 五因子模型在熊市状态下的表现更优，其中的投资因子在熊市状态下的模型中是"冗余因子"（Redundant Factor）。因此，在这方面的研究贡献主要有三点：一是证实了 Fama-French 五因子模型在我国股市是适用的，而且在表现上优于Fama-French 三因子模型；二是从牛熊市状态的角度对 Fama-French五因子模型的表现及规模、账面市值比、盈利能力和投资水平与资产收益的关系进行了研究；三是从换手率与盈利能力关系的角度对我国股市平均收益中存在的盈利效应特征进行了解释。

第二，在研究流动性定价时，本书不仅使用了 Amihud（2002）提出的流动性测度指标，也使用了 Kang 和 Zhang（2014）提出的改进的流动性测度指标进行研究，在分析我国股市平均收益中存在的流动性溢价、规模溢价、盈利溢价、投资溢价和账面市值比溢价的基础上，基于 Fama-French 五因子模型提出了流动性扩展的六因子模型。研究发现，使用 Kang 和 Zhang（2014）提出的改进的流动性测度指标可以得到更显著的流动性溢价，而在解释我国股市平均收益中存在的流动性溢价、规模溢价、盈利溢价、投资溢价和账面市值比溢价上，CAPM 模型、Fama-French 三因子模型、Fama-French 五因子模型和流动性扩展的 CAPM 模型都不能同时对它们进行有效解释。结合 Amihud（2002）提出的流动性测度指标构建的流动性因子和 Fama-French 五因子模型提出的流动性扩展的六因子模型不仅可以同时解释流动性溢价、规模溢价、盈利溢价、投资溢价和账面市值比溢价，而且在解释我国股市平均收益中存在的规模效应、账面市值比效应、盈利效应和投资效应等特征上，流动性扩展的六因子模型优于 Fama-French 五因子模型。再者，流动性扩展的六因子模型中规模因子是"冗余因子"，可以被其他因子解释。将 Kang 和 Zhang（2014）提出的改进的流动性测度指标构建的流动性因子引入资产定价模型中的表现并不理想，为股票暂停交易行为影响资产定价机制的理论提供了实证依据。因此，这方面的研究贡献主要有两点：一是构建了流动性扩展的六因子模型，并发现规模因子在模型中是"冗余因子"；二是使用 Kang 和 Zhang（2014）提出的改进的流动性测度指标进行了流动性定价的研究，证实了新的流动性测度指标可以得到更显著的流动性溢价，但在构建流动性定价模型中的表现并不理想。

第三，在研究基金绩效时，以 Fama-French 五因子模型等作为计算风险调整绩效的定价模型，在以固定效应模型为参照的基础上，使用 Hoechle 等（2016）提出的 GCT 回归模型对哪些因素与基金绩效显著相关进行了分解。研究发现，与固定效应模型下的表现不同，历史绩效与基金绩效的关系在 GCT 回归模型下不再是显著且稳健的，而资金净流入、成立年限、换手率等因素与基金绩效之间的关系在 Fama-French-Carhart 四因子模型等计算风险调整绩效时是显著的。以往的基金绩效分解多使用两步法进行研究，在克服横截面上的相关关系和第一步的估计误差等方面存在不足之处。而 GCT 回归模型的引入有助于克服这方面的不足之处，有助于更深入地认识哪些因素与基金绩效存在显著的相关关系是由估计方法不当所导致的。因此，这方面的研究贡献在于以最近提出的估计方法对哪些因素与基金绩效之间存在显著的相关关系进行分析。

第二章 资产定价理论回顾与相关文献综述

本章将在简要回顾资产定价主要理论的同时，对本书选定的几个研究主题的主要相关文献进行综述，为后文的主体部分开展相关研究提供理论框架。资产定价理论经过50多年的发展，在不断拓展和深化的过程中，有大量的资产定价模型涌现出来。结合本书的主题，这里只对一些与因子资产定价相关或相近的模型进行简要回顾。而在相关文献综述部分，则将文献综述聚焦于那些与本书选定的主题相关性较强的国内外重要文献。

一 资产定价理论发展回顾

资产定价理论试图通过分析股票价格或收益率的决定因素，研究股市价格的形成机制。具体到研究过程上，资产定价的研究主要有两个思路：一是通过选择不同的假设条件，推导出完整的理论框架，得到均衡的资产价格，进而分析均衡资产价格与哪些因素相关；二是从实证角度验证资产价格与哪些因素相关。资产定价理论推导和实证研究两者虽然在研究方法上不同，但是互为补充。资产定价理论的合理性不仅需要理论上的完善，也需要能经得起实证的检验，而实证中发现的与资产价格相关的因素也需要在理论上得到验证。两者的相互作用促进了资产定价理论的不断发展。CAPM 模型、APT 模型、ICAPM 模型、流动性定价模型和 Fama-French 类因子模型等资产定价模型不仅在资产定价理论中占有重要的地位，而且在实证研究中得到了大量的研究。下文对它们的主要理论进行简要回顾。

（一）资本资产定价模型（CAPM）

Sharpe（1964）和 Lintner（1965）分别基于 Markowitz（1952）的投资组合理论提出了资本资产定价模型（CAPM）。CAPM 模型是在推导市场组合为最优组合的基础上得出的单个证券收益率与市场组合收益率之间定价关系的模型。CAPM 模型的推导过程建立在完美的假设前提之下，这些假设前提主要包括以下三个方面。

第一，投资者是追求效用最大化的理性人，他们依据预期收益率和标准差做出证券选择决策。

第二，投资者对证券的未来收益发生情况、预期收益率和标准差等具有一致性预期。

第三，证券市场提供了一个充分竞争且无摩擦的完全市场环境。

在以上假设下，CAPM 模型的主要表达式为：

$$ER_i = R_F + \alpha_i + \beta_i(ER_M - R_F) \tag{2.1}$$

式（2.1）中，E 表示期望算子，R_i 表示证券或投资组合 i 的收益率，R_F 表示无风险收益率，R_M 表示证券市场组合收益率；$\beta_i = \sigma_{iM}/\sigma_M^2$，$\sigma_{iM}$ 为证券 i 与市场组合的协方差，而 σ_M^2 为市场组合的方差。CAPM 模型反映的是在市场均衡状态下，单个证券期望收益率与市场组合收益率之间存在的关系。

进一步分解 β_i，可以发现 $\beta_i = (\sigma_{iM}/\sigma_i\sigma_M) \times (\sigma_i/\sigma_M)$，而

$\sigma_{iM}/\sigma_i\sigma_M$也表示证券 i 的收益率与市场组合收益率之间的相关系数。因此，β_i 不仅包含了证券 i 的收益率与市场组合收益率之间的相关关系，而且包含了两者之间的风险对应关系。

（二）套利定价理论（APT）

Ross（1976）提出了套利定价理论（APT）。相对于 CAPM 模型，套利定价理论更具有一般性。这种一般性主要表现在两个方面：一是理论设定的前提假设比 CAPM 模型更少；二是相对于 CAPM 模型只以单一的市场因子作为影响证券收益的因子，套利定价理论通常表示为一个多因子模型的形式，更符合复杂的现实情况。

套利定价理论的基本假设包括以下四个方面。

第一，对资本市场来说，存在充分多且无限可分的证券，而资本市场本身是完全竞争且无摩擦的。

第二，投资者具有相同预期，而且都偏好较高的预期收益且规避方差风险。

第三，所有证券的收益率都受几个共同因素的线性影响。

第四，证券市场上的所有渐进套利机会会很快被消除。

套利定价理论由以下两个模型组成：

$$R_{it} = \alpha_i + \sum_{j=1}^{k} \beta_{ij} F_{jt} + e_{it} \qquad (2.2)$$

$$ER_{it} = \lambda_0 + \sum_{j=1}^{k} \beta_{ij} \lambda_j \qquad (2.3)$$

式（2.2）中，R_{it} 表示证券或投资组合 i 在 t 期的收益率，F_{jt} 表示因素 j 在 t 期的对应值；α_i 表示当 $F_{jt} = 0 (j = 1, \cdots, k)$ 时，相应证券或投资组合 i 对应的期望收益率；β_{ij} 为因子载荷，表示证券 i 的收益率对第 j 个因素的敏感性；e_{it} 为扰动项。式（2.3）中，E 表示期望算子，λ_0 表示无风险收益率或零 β 期望收益率，λ_j 表示因素 j 的风险溢酬。

要得到最终的套利定价模型，需要首先使用式（2.2）表示的多因素模型进行时间序列回归分析，确定那些影响证券收益的共同因素及相应的敏感性 β_{ij}；然后使用式（2.3）进行横截面回归得到 λ_j。套利定价理论的提出，不仅使学术界开始从与均衡分析不同的另一个角度去研究金融市场资产价格的影响因素，也建立了学术与实践的桥梁，具有里程碑的意义。套利定价理论虽然提供了一个从多个因素对证券收益率进行线性定价的理论框架，但没有具体给出这些因素，也因此饱受质疑。

（三）跨期资本资产定价模型（ICAPM）

经典的 CAPM 模型解决了投资者在静态单个时期的均值 – 方差最优选择问题，然而现实世界处在一个不断变化的动态过程中。在多期的动态过程中，投资者怎样进行投资决策？Merton（1973）对这一问题进行了回答并提出了跨期资本资产定价模型（ICAPM）。

Merton（1973）通过推导得出的跨期资本资产定价模型（ICAPM）是一个多 β 的资本资产定价模型，其具体形式如下：

$$ER_i - R_F = \beta_{iM}(ER_M - R_F) + \sum_{j=1}^{k}\beta_{ij}(ER^j - R_F) \qquad (2.4)$$

式（2.4）中，E 表示期望算子，R_i 表示证券或投资组合 i 的收益率，R_F 表示无风险收益率，R_M 表示证券市场组合收益率；β_{iM} 为证券 i 对应的市场贝塔值，而 R^j 为状态 j 对应的套期保值基金对应的收益率，β_{ij} 为相应的贝塔值。ICAPM 模型反映的是在多期环境下，伴随着经济状态发生变化，投资机会集随之发生变化时，投资者都有针对性地动态调整最优资产组合而形成的均衡价格。

跨期资本资产定价模型的主要贡献有以下三个方面。

第一，在对资产收益分布的假设中，采用对数正态分布替代正态分布更符合证券资产价值非负的性质。

第二，将伊藤过程等引入资产定价分析中，奠定了连续时间金融分析的基础。

第三，ICAPM 模型揭示了经济环境发生变化时的资产定价问题。

Long（1974）也基于离散时间下的多期经济提出了一个跨期资本资产定价模型（ICAPM）。这一模型主要有两个假设：①假设有多个未来价格不确定的消费品；②假设经济体中有多个普通股和多个不同到期期限的无违约票据。在这些假设下，模型刻画了消费者对商品未来价格不确定和利率期限结构的反应，以及由此导致的投资组合选择和股票的均衡定价问题。

（四）基于流动性的资本资产定价模型

在构建基于流动性的资本资产定价模型上，主要有两个思路：一是以 Acharya 和 Pedersen（2005）为代表，通过均衡分析推导得到相应模型，再选取合适因子进行实证研究；二是以 Liu（2006）为代表，直接通过模拟投资组合法构建流动性因子并加入 CAPM 等因子模型中，得到相应的模型并进行实证检验。下文对他们得到的模型进行简单介绍，为了方便本书的分析研究，分别将上述模型称为流动性调整资本资产定价模型（LCAPM）和流动性扩展的资本资产定价模型（LACAPM）。

1. Acharya 和 Pedersen（2005）的流动性调整资本资产定价模型（LCAPM）

LCAPM 模型的表达式如下：

$$E_t(R_{t+1}^i - c_{t+1}^i) = R^F + \lambda_t \frac{\mathrm{cov}_t(R_{t+1}^i - c_{t+1}^i, R_{t+1}^M - c_{t+1}^M)}{\mathrm{var}_t(R_{t+1}^M - c_{t+1}^M)} \tag{2.5}$$

其中，R_{t+1}^i 表示证券 i 在 $t+1$ 期的收益率，R_{t+1}^M 表示市场组合在 $t+1$ 期的收益率，c_{t+1}^i 表示证券 i 在 $t+1$ 期基于其价格的相对非流动性成本，c_{t+1}^M 表示在 $t+1$ 期整个市场的相对非流动性成本，R^F 表示无风险收益率，E 和 var 分别表示期望算子和方差算子，而 $\lambda_t = E_t(R_{t+1}^M - c_{t+1}^M - R^F)$ 代表风险溢价。

式（2.5）也可以等价地表示成下式：

$$E_t(R_{t+1}^i) = R^F + E(c_{t+1}^i) + \lambda_t \frac{\mathrm{cov}_t(R_{t+1}^i, R_{t+1}^M)}{\mathrm{var}_t(R_{t+1}^M - c_{t+1}^M)} + \lambda_t \frac{\mathrm{cov}_t(c_{t+1}^i, c_{t+1}^M)}{\mathrm{var}_t(R_{t+1}^M - c_{t+1}^M)} - $$

$$\lambda_t \frac{\mathrm{cov}_t(R_{t+1}^i, c_{t+1}^M)}{\mathrm{var}_t(R_{t+1}^M - c_{t+1}^M)} - \lambda_t \frac{\mathrm{cov}_t(c_{t+1}^i, R_{t+1}^M)}{\mathrm{var}_t(R_{t+1}^M - c_{t+1}^M)} \qquad (2.6)$$

从式（2.6）可以看出，流动性调整的资本资产定价模型 LCAPM 包含了一个市场风险和三个流动性风险。其中，市场风险指的是 $\mathrm{cov}_t(R_{t+1}^i, R_{t+1}^M)$ 的部分，这一点继承了 CAPM 模型的思想。LCAPM 通过三个流动性风险刻画了资产收益与资产流动性的关系，这种关系表现在如下三个方面。一是 $\mathrm{cov}_t(c_{t+1}^i, c_{t+1}^M)$ 揭示的流动性风险表明，资产收益随着资产的非流动性与市场的非流动性的协方差增大而提高。这是因为当资产的非流动性与市场的非流动性共同变化时，投资者持有这样的资产需要收益补偿。二是 $\mathrm{cov}_t(R_{t+1}^i, c_{t+1}^M)$ 揭示的流动性风险表明，资产收益随着资产的非流动性与市场的非流动性的协方差增大而降低。这是因为当资产的收益与市场的非流动性同向变化时，投资者乐意接受一个较低的收益。三是 $\mathrm{cov}_t(c_{t+1}^i, R_{t+1}^M)$ 揭示的流动性风险表明，资产收益随着资产的非流动性与市场收益的协方差增大而降低。这是因为当资产在一个下跌市场中具有较高流动性时，投资者乐意接受一个较低的期望收益。

为了方便实证检验，Acharya 和 Pedersen（2005）进一步推导出了无条件的流动性调整资本资产定价模型，其表达式如下：

$$E(R_t^i - R_t^F) = E(c_t^i) + \lambda\beta^{1i} + \lambda\beta^{2i} - \lambda\beta^{3i} - \lambda\beta^{4i} \qquad (2.7)$$

其中：

$$\beta^{1i} = \frac{\mathrm{cov}[R_t^i, R_t^M - E_{t-1}(R_t^M)]}{\mathrm{var}\{R_t^M - E_{t-1}(R_t^M) - [c_t^M - E_{t-1}(c_t^M)]\}} \qquad (2.8)$$

$$\beta^{2i} = \frac{\mathrm{cov}[c_t^i - E_{t-1}(c_t^i), c_t^M - E_{t-1}(c_t^M)]}{\mathrm{var}\{R_t^M - E_{t-1}(R_t^M) - [c_t^M - E_{t-1}(c_t^M)]\}} \qquad (2.9)$$

$$\beta^{3i} = \frac{\mathrm{cov}[R_t^i, c_t^M - E_{t-1}(c_t^M)]}{\mathrm{var}\{R_t^M - E_{t-1}(R_t^M) - [c_t^M - E_{t-1}(c_t^M)]\}} \qquad (2.10)$$

$$\beta^{4i} = \frac{\mathrm{cov}[c_t^i - E_{t-1}(c_t^i), R_t^M - E_{t-1}(R_t^M)]}{\mathrm{var}\{R_t^M - E_{t-1}(R_t^M) - [c_t^M - E_{t-1}(c_t^M)]\}} \qquad (2.11)$$

$$\lambda = E(\lambda_t) = E(R_t^M - c_t^M - R^F) \qquad (2.12)$$

在对 LCAPM 模型进行的实证检验中，他们使用 Amihud（2002）提出的非流动性测度作为非流动性成本 c_{t+1}^i 的代理变量进行了研究。

2. Liu（2006）的流动性扩展的资本资产定价模型（LACAPM）

Liu（2006）通过实证分析发现美国股市中存在流动性溢价。结合 APT 理论，Liu（2006）通过投资组合模拟法构造流动性因子得到了流动性扩展的资本资产定价模型（LACAPM）。其具体形式如下：

$$R_{it} - R_{Ft} = \alpha_i + \beta_{mi}(R_{Mt} - R_{Ft}) + \beta_{li}LIQ_t + e_{it} \qquad (2.13)$$

其中，LIQ_t 是按投资组合模拟法得到的流动性因子，β_{li} 为流动性因子系数，其他变量的定义与 CAPM 模型相同。

（五）Fama-French 类因子模型

在资产定价研究中，有一类是通过按公司某些特征进行排序构建模拟投资组合得到实证因子的研究方法。Fama 和 French（1993）提出的三因子模型就是按这种方法得到的资产定价模型的代表。Fama-French 三因子模型具有以下形式：

$$R_{it} - R_{Ft} = \alpha + b(R_{Mt} - R_{Ft}) + sSMB_t + hHML_t + e_{it} \qquad (2.14)$$

式（2.14）中，R_{it}表示证券或投资组合 i 在 t 期的收益率，R_{Ft} 表示无风险收益率，R_{Mt}表示市场收益率。SMB_t表示规模因子，HML_t 表示账面市值比因子。α 表示截距项，b、s 和 h 为因子载荷，而 e_{it} 为扰动项。

式（2.14）中的 b（$R_{Mt} - R_{Ft}$）部分与 CAPM 模型相一致，都反映了股票收益率与市场风险的关系。而 SMB_t 和 HML_t 分别来源于规模效应和账面市值比效应。在对规模效应和账面市值比效应的解释上，当前还存在争议，已有研究主要是从理性定价和非理性定价两个角度展开的。前者认为规模小的股票、账面市值比高的股票之所以能获得更高的收益率源于它们具有更高的风险，高的收益率是风险补偿的结果；后者认为这些效应的发生源于市场上的错误定价，高的收益率是错误定价在市场变化过程中得到修正的结果。前者以 Fama 和 French（2006）为代表，后者以 Lakonishok 等（1994）为代表。在关于规模和账面市值比代表哪些风险的问题上，已有研究还尚未取得共识。Amihud（2002）认为规模与流动性风险相关。Dichev（1998）认为规模和账面市值比与公司的破产风险相关。而 Fama 和 French（1993）则认为规模和账面市值比与公司的财务困境相关。随后 Fama 和 French（1995）研究了规模、账面市值比与上市公司收益的相关关系，认为规模和账面市值比作为风险因子与某些对公司收益冲击的因素相关。

Fama-French 三因子模型在实证中取得了较好的效果，在模型推出后被广泛地应用于资产定价、事件研究和基金绩效的相关研究中。由于在解释股市中存在的长期势能上的不足之处，Carhart（1997）

在 Fama-French 三因子模型中加入动量因子，得到了 Fama-French-Carhart 四因子模型，其具体形式如下：

$$R_{it} - R_{Ft} = \alpha + b(R_{Mt} - R_{Ft}) + sSMB_t + hHML_t + mMOM_t + e_{it} \qquad (2.15)$$

式（2.15）中，MOM_t 表示动量因子，m 为相应的因子载荷。其他变量的定义与式（2.14）相同。在 Carhart（1997）的启发下，Fama-French-Carhart 四因子模型在其后大量应用于基金绩效的相关研究中。

Fama 和 French（2015a）通过选取适当的盈利因素和投资因素的代理变量进行因子模拟，并将它们添加到 Fama 和 French（1993）的三因子资产定价模型中构建了五因子资产定价模型，Fama-French 五因子模型的具体形式如下：

$$R_{it} - R_{Ft} = \alpha + b(R_{Mt} - R_{Ft}) + sSMB_t + hHML_t + rRMW_t + cCMA_t + e_{it}$$
$$(2.16)$$

式（2.16）中，RMW_t 表示盈利因子，CMA_t 表示投资因子，r 和 c 是它们对应的因子载荷。其他变量的定义与式（2.15）相同。为了避免重复，Fama-French 五因子模型的理论基础将在第三章给出。

按照 Carhart（1997）的逻辑，很显然可以将动量因子加入 Fama-French 五因子模型中得出 Fama-French-Carhart 六因子模型，其具体形式如下：

$$R_{it} - R_{Ft} = \alpha + b(R_{Mt} - R_{Ft}) + sSMB_t + hHML_t + rRMW_t + cCMA_t + mMOM_t + e_{it}$$
$$(2.17)$$

式（2.17）中，MOM_t 表示动量因子，m 为相应的因子载荷。其他变量的定义与式（2.16）相同。

考虑到账面市值比、盈利和投资等效应在规模较小的股票中表现得更显著，Fama 和 French（2015b）进一步拓展了五因子模型，其具体形式如下：

$$R_{it} - R_{Ft} = \alpha + b(R_{Mt} - R_{Ft}) + sSMB_t + hHML_{st} + rRMW_{st} + cCMA_{st} + e_{it}$$

$$(2.18)$$

式（2.18）中，HML_{st} 表示由规模小组中账面市值比差异得到的规模因子，RMW_{st} 表示由规模小组中盈利差异得到的盈利因子，CMA_{st} 表示由规模小组中投资差异得到的投资因子。其他变量和参数的定义与式（2.17）相同。

二　国内外相关实证研究文献综述

本书的研究主要包括四个方面的内容，即五因子资产定价模型在中国股市适用性的实证检验，五因子资产定价模型在流动性定价中的应用，五因子资产定价模型在 IPOs 长期表现研究中的应用和五因子资产定价模型在基金绩效相关因素研究中的应用。为了方便，以下对国内外研究现状的综述也从四个方面入手，即分别对资产定价、流动性定价、IPOs 长期表现和基金绩效相关因素等方面的实证文献进行回顾。

（一）　资产定价的实证研究

自 20 世纪 60 年代 Sharpe（1964）等在投资组合理论的基础上提出 CAPM 模型以来，资产定价理论在数理方面和实证方面的研究得到了迅速发展。在 CAPM 模型的实证检验方面，Black 等（1972）首次使用美国股市数据进行了研究。Fama 和 MacBeth（1973）使用滚动横截面回归的方法进一步对 CAPM 模型进行了实证检验。但是，CAPM 模型是只从市场风险溢价方面对股市的资产定价进行解释的单一因子模型，而没有考虑上市公司的特质性因素对资产定价的影响。后来的文献如 Banz（1981）和 Stattman（1980）等发现美国股市中存在规模（Size）效应和账面市值比（B/M）效应。Fama 和 French（1993）结合 CAPM 模型的思想和规模效应、账面市值比效应，提出了基于市场风险因素、规模效应因素和账面市值比因素的三因子资产定价模型，对学术界和实务界产生了深远影响。后期的学者从不同角度对三因子模型进行了改进和发展，如 Carhart（1997）将动量因子加入三因子模型中提出了四因子模型。近期的研究，如 Novy-Marx（2013）、Aharoni 等（2013）等发现，上市公司的盈利因素、投资因素与它们的市场表现之间存在一定的规律。Hou 等（2015）使用美国股市的周收益率数据构建了包含盈利因素和投资因素的 q 因子模型，并用该模型研究了美国股市的异象。同期，Fama 和 French（2015a）也将这两个因素加入他们以前提出的三因子模型中，提出了五因子资产定价模型。他们的实证研究表明，五因子模型在解释美国股市的横截面平均收益特征上比三因子模型表现更好。Eoghan 和 Michael（2014）比较了 Fama-French 三因子模型和五因子模型在英国股市的表现，发现五因子模型在表现上要优于三因子模型。

与美国股市不同，我国股市才成立了 20 多年，市场还不成熟。Fama-French 三因子资产定价模型在我国股市表现如何？对这一问题，国内的学者在不同时期先后对这一模型的适用性进行了检验。范龙振和王海涛（2003）先后使用 Fama-MacBeth 回归法和模拟因子法对沪市 1995 年 7 月至 2000 年 6 月的资产定价因素进行了研究，发现沪市表现出显著的规模效应、账面市值比效应、市盈率效应和价格效应。但这些效应不能完全由 Fama-French 三因子模型进行解释，而加上市盈率因子的四因子模型则可以很好地解释。杨炘和陈展辉（2003）使用 1997 年 5 月至 2001 年 12 月我国沪深 A 股的月度数据对三因子模型进行实证研究，研究表明，三因子模型可以完全解释我国股市的横截面收益特征。邓长荣和马永开（2005）使用 1996 年 1 月至 2003 年 12 月的月度收益数据研究了三因子模型在深市的表现并检验了"新年效应"异象，发现三因子模型在深市是成立的，而且低账面市值比上市公司（除小规模公司）的收益表现出了"一月效应"，中等规模且中等账面市值比的组合表现出了"二月效应"。刘维奇等（2010）以 2005 年 4 月为分界点，研究了我国股市股权分置改革前后三因子模型的拟合情况，发现三因子模型在股权分置改革前后都是有效的，而且三个因素在股权分置改革后对横截面收益的解释度都有所提升。田利辉等（2014）对比研究了 1994 年 7 月至 2013 年 6 月三因子模型在中美两国股市表现上的差异，发现虽然三因子模型能够很好地解释中美两国投资组合的平均收益，但中国股市市场风险因素作用更显著，而账面市值比效应却并不显著。李倩和梅婷（2015）以沪市 A 股上市公司为样本，研究了三因子模型在股票价格上涨和衰退时期的适用性，发现在股市衰退期三因子模型表现最好，但账面市值比因素不显著。赵胜民等（2016）使用我国股市 1995 年 1 月至 2014 年 12 月的股票月度数据对 Fama-French 三因子模型和五因子模型的表现进行了研究，发现 Fama-French 五因子模型表现不及 Fama-French 三因子模型，盈利因子和投资因子的引入无助于解释股票投资组合的收益率。

总的来看，国内大部分的研究都表明在我国股市三因子模型是适用的，而且规模效应显著，但在账面市值比效应的显著性上尚存在争议。也有学者对三因子模型进行了拓展，探讨了其他因素在资产定价中的解释能力，如潘莉和徐建国（2011）、田利辉和王冠英（2014）等。但是从盈利和投资的视角进行的研究还相当缺乏，这方面除赵胜民等（2016）之外，仅有王茵田和朱英姿（2011）使用净利润与市值的比值作为盈利因子、使用投资支出与固定资产净值的比率作为投资因子进行了研究。

（二）　流动性定价的实证研究

20 世纪八九十年代，在证券市场和金融机构出现的危机和破产现象使人们认识到流动性对金融业的重要性。流动性一般定义为交易的难易程度。传统的资产定价理论认为，投资者承担一定的风险就会要求相应的风险补偿。因此，理论上说要让股市中的投资者买卖流动性较差的股票就应该给予相应的补偿，这种补偿也被称为非流动性（Illiquidity）补偿。在这方面的实证研究中，主要关注股市中流动性的测度及其与资产价格的关系。公认的研究较早且经典的文献是始于 1986 年 Amihud 和 Mendelson（1986）的研究，他们使用买卖价差作为非流动性测度指标，研究了 1961～1980 年纽约证交所股票的期望收益与非流动性的关系，发现从市场观察到的股票期望收益是价差的增函数和凹函数。Brennan 等（1998）在对股票收益、风险测度和非风险特征（包括规模、B/M、股价、股息率和过去收益）之间的关系进行研究时，使用交易额作为流动性的替代变量进行了实证。Amihud 等（1997）在研究以色列特拉维夫证券交易所进行的交易机制改进对价值发现的作用时，使用了交易量和 Amivest 流动性测度（也记作流动性比率 LR）。Datar 等（1998）使用换手率作为流动性的代理变量对流动性与期望收益之间的关系进行了再研究。他们的研究表明，在控制公司规模、B/M 和贝塔值后，流动性对期望收益的作用仍然显著，而且流动性的作用并不局限在一月份。

Amihud（2002）认为以前提出的基于微观结构交易数据和报价的非流动性测度在世界上大多数股市无法求出，因此提出了一个基于股票日收益绝对值和交易额的非流动性测度。他的研究发现，这一非流动性测度不仅与以前提出的大部分测度存在很强的相关关系，而且对期望收益有正的和非常显著的作用，证实了股市中流动性溢价的存在。Pástor和Stambaugh（2003）以交易量作为订单流的替代变量构造了一个基于回归模型的流动性测度，这一测度可以捕获由订单流引致的收益反转。他们对1966～1999年美国股市的实证研究表明，流动性风险因子可以对样本期间势能策略盈利的50%进行解释。Acharya和Pedersen（2005）将流动性风险作为一个定价要素引入CAPM模型中，提出了流动性调整的资本资产定价模型LCAPM。然后用一个市场资本化比率修正的Amihud非流动性测度对美国股市进行了实证研究，研究表明LCAPM模型比CAPM模型表现更好，而且可以更好地拟合按流动性、流动性变化和规模排列的投资组合，但不能解释B/M效应。Liu（2006）提出了一个用换手率对股票零交易量天数调整的流动性测度，并对1963～2003年的美国股市进行了研究。研究发现，市场中存在无法用CAPM模型和Fama-French三因子模型解释的显著流动性溢价，而基于市场和流动性构建的两因子模型可以解释规模、B/M、C/P、E/P、D/P和长期反转异象。Kang和Zhang（2014）考虑到新兴市场股票零交易量天数占有很大比例，提出了一个改进的Amihud测度并用20个新兴市场的数据进行了实证研究。研究发现，在大多数市场中新的测度比其他低频测度与价差等有更高的相关性，而且新的测度在交易不活跃和低换手率的市场表现更优。Amihud（2014）结合其2002年提出的非流动性测度和Fama-French模拟因子法构造了流动性因子IML，并分别使用时间序列回归法和Fama-MacBeth横截面回归法对美国股市进行了研究。

Amihud 等（2015）使用相同的方法并结合流动性因子 IML 进一步对包括中国在内的 35 个国家的流动性溢价进行了研究。研究发现，在控制其他定价因子后这些国家平均的流动性溢价是正的，而且是显著的；在控制全部收益因子和全部非流动性变化后，所有国家的流动性溢价存在一个共性。

国内学者也借鉴国外的研究经验对我国股市从不同角度进行了实证研究。王春峰等（2002）使用沪市 1994～2001 年的月度数据计算 Amihud 非流动性测度，使用 AR（1）模型计算未预期非流动性测度，在横截面和时间序列上对股市的预期非流动性、未预期非流动性与资产收益的关系进行了研究。研究发现，只有在排除政策影响后沪市才存在流动性溢价，未预期非流动性对资产收益的影响比预期非流动性更显著。何荣天（2003）构建了一个基于价格变化率与交易量比值的流动性指数，通过随机抽样构造投资组合研究了我国证券市场的流动性溢价问题，发现市场中存在不能单纯由市场的风险溢价来解释的高额流动溢价。吴文峰等（2003）基于 Amihud 非流动性指标研究了在控制市场、规模等风险因素后沪深股市的流动性溢价，提供了支持"非流动性补偿"假设的证据。李一红和吴世农（2003）以换手率和 Amihud 非流动性测度作为流动性指标，使用 SUR 回归研究了个股、投资组合的预期收益与流动性的关系。研究发现，沪市中存在稳定的换手率与预期收益的负向关系，而 Amihud 非流动性测度虽然在整个样本期表现出与预期收益的正向关系，但在有政策公告、牛市和横盘等情况下不支持流动性溢价理论。苏冬蔚和麦元勋（2004）使用 GLS 多元回归、Fama-MacBeth 回归法和 LR 法研究了控制规模、B/M、流通股比例、EPS 和 E/P 等变量后我国股市换手率与横截面资产收益率的关系，发现在不同研究方法下预期收益与换手率都呈现显著的负相关关系，同样支持了我国股市存在非流动性补偿现象。陆静和唐小我（2004）也使用换手率作为流动性测度指标和 Fama-MacBeth 回归法研究了股票流动性与期望收益的关系，发现流动性溢价系数在不同时期差异较大。谢赤和曾志坚（2005）选用 Amivest 流动比率和换手率作为流动性测度，在对沪市 2000～2003 年股市流动性与预期收益的关系进行研究时使用了 LR 两阶段截面回归和 SUR 回归。闫东鹏和吴贵生（2006）使用 GMM 回归研究了市场非流动性测度在我国股市资产定价中的作用，研究发现在 LCAPM 等模型中加入市场非流动性测度的对数及其平方项，可以进一步提高其对资产收益的解释能力。

罗登跃等（2007）使用 GARCH 类模型测度市场流动性的波动，构建了基于市场风险和两个流动性风险测度的三因子资产定价模型。他们的实证研究表明，流动性风险溢价在我国股市中是显著存在的，而且流动性风险中市场收益对总流动性的敏感性风险对资产定价的影响更为显著。黄峰和杨朝军（2007）基于价格振幅和交易金额的比率构造了一个非流动性指标，使用 Fama-MacBeth 回归法和 SUR 回归研究了我国股市的流动性风险溢价问题。研究表明，我国股市定价中存在显著的流动性风险溢价，而且其在流动性较差或价格冲击弹性较高的股票上表现得更为显著。谢赤等（2007）基于上证 50 指数成分股的高频数据计算了 13 个流动性指标，并通过获取主成分构造了新的流动性测度。由 LR 回归和 SUR 回归的实证结果表明，上海股市存在流动性溢价。梁丽珍和孔东民（2008）用换手率、Amihud 指标和 P－S 指标作为流动性指标，用自回归模型 AR（p）构建未预期流动性测度指标，对我国股市的流动性定价问题进行了研究。研究发现，我国股市不仅在三因子模型等调整后仍然存在流动性溢价，而且未预期流动性与同期股票收益存在正相关关系。刘锋和霍德明（2012）使用 Fama-MacBeth 回归法研究了 1996～2010 年所有

A股股票的流动性定价问题，发现在控制其他变量后流动性因子的系数仍然显著。在 Fama-French 三因子模型中加入使用因子模拟法构造的流动性因子可以降低 GRS 统计量的显著性，提高对股市平均收益的解释能力。张玉龙和李怡宗（2013）运用随机折现因子方法对 LCAPM 模型进行拓展构造了 SDF－LCAPM 模型，发现对不同的股票来说由股票自身流动性特征对股票收益的直接影响和通过系统风险对股票收益的间接影响是相异的，而且 SDF－LCAPM 模型可以提高投资组合的 Sharpe 比率。张峥等（2013）选用 1999～2009 年我国股市的高频和低频数据，比较了买卖价差等流动性测度指标的适用性，发现收盘前报价价差和有效价差优于其他间接指标，而在低频指标中 Amihud 指标最优。大多数流动性测度指标加入 CAPM 模型中可以提高其对股票收益率的解释能力，而且在整个样本期间是稳健的。刘睿智（2015）在 Fama-French 三因子定价模型中加入共偏度因子，选用 P－S 流动性指标和 Amihud 流动性指标对 1996～2013 年我国证券市场的流动性定价进行了研究。

（三）IPOs 长期表现的实证研究

对 IPOs 长期表现问题的研究已经有 20 多年的历史，Ritter（1991）正式提出了美国股市中存在 IPO 长期弱势现象的问题，并将这一现象归于 IPO 存在的三个异象之中。他使用了累积超额收益 CAR 和财富相对数 WR 作为测度指标，对美国上市公司 IPO 三年期内的表现进行了研究。研究发现，在 IPO 后上市公司三年长期收益的表现明显弱于市场和对比公司，长期收益与初始收益、公司成立期限、当时的市场收益、发行当年的交易量等因素相关。Loughran 和 Ritter（1995）使用 BHAR、WR 和 Fama-French 三因子模型作为 IPO 长期表现的测度工具，综合运用等权和价值加权法构造投资组合，对美国股市 1970～1990 年 IPOs 后五年的长期表现进行了研究，发现基本都支持 IPOs 长期弱势的结论。Brav 和 Gompers（1997）对比研究了美国股市 1975～1992 年有风险投资背景公司和无风险投资背景公司 IPO 后的五年期长期表现，发现用等权重法计算时有风险投资背景公司的长期表现优于无风险投资背景的公司，而价值加权法显著地减少了它们之间的差异。另外，小规模无风险投资背景的公司长期表明显著偏弱，但这并不是由 IPO 造成的。Fama（1998）在对长期收益异象相关问题进行回顾时，对在 IPO 长期表现中是使用等权重法还是使用价值权重法及三因子模型的适用性等问题进行了探讨。Carter 等（1998）用三个承销商声誉测度对 IPOs 长短期表现的影响进行了研究，发现三个测度与初始收益显著相关，但在长期只有一个测度显著相关。Ritter 和 Welch（2002）指出实证结论中 IPOs 长期弱势现象是否存在明显受样本期选择的影响。Schultz（2003）在解释美国股市中存在的 IPOs 长期弱势现象时提出了伪市场择时的概念，指出大多数公司在 IPO 时都追求较高的发行价格，而从事后来看，IPO 发行呈现出了集簇性，因此导致 IPO 长期弱势现象的发生。Gompers 和 Lerner（2003）对 Nasdaq 市场形成之前美国股市的 IPOs 五年期长期收益进行了研究，发现当用 BHARs 研究时呈现出了长期弱势现象，而使用 CARs 时这一现象消失，进一步基于 CAPM 模型和 Fama-French 三因子模型的研究则表明不存在显著的异于零的收益。Eckbo 和 Norli（2005）使用 BHAR 和在 Carter 四因子模型中加入了流动性因子的五因子模型，对 1973～2002 年在 Nasdaq 上市的公司的五年期后市表现进行了研究，发现长期异常收益可以通过风险因子进行度量。Gao 等（2006）发现早期市场的收益波动率与 IPO 后市长期异常收益负相关。Wu 和 Kwok（2007）使用 CARs、BHARs、CAPM 模型和 Fama-French 三因子模型等对比研究了 1986～1997 年美国国内公司和国际公司在 IPO 后的三年期长期表现，研究发现国际公司不仅在表现上弱于市场，而且不及国内公司。Barry 和 Mihov（2015）使用 1980～2012 年进行了 IPO 的 6000 多家上市公司数据，研究了风险资本家和债权人对 IPO 后市长期表现的不同影响。研究表明，高负债水平且没有风险资本参与的上市公司长期表现最弱。

国内学者对 IPOs 后市长期表现的研究起步略晚。陈工孟和高宁（2000）使用月度平均超常收益 MAR 和财富相对数 WR 研究了我国证交所成立后至 1995 年 8 月 IPOs 二年期和三年期的长期表现，研究发现 A 股的 IPOs 长期表现与市场收益相近，而 B 股的表现不及 A 股和整个市场。王美今和张松（2000）以 1996 年至 1997 年在上交所上市的公司为样本研究了 IPO 后二年期的表现，研究发现长期收益随着时间推移由弱转强，对长期收益影响最大的因素是初始收益率和流通股数量。刘力和李文德（2001）使用累积超额收益 CAR、购买持有期收益 BHAR 和财富相对数 WR 研究了 1992～1996 年 IPO 的 398 只股票的三年期长期收益，研究发现一年期不存在长期强势现象，而二年期和三年期则存在显著的长期强势现象。王春峰和罗建春（2002）使用累计持股超额收益率 CHAR 和新股整体累积超额收益率 CAR，研究了 1997 年 5 月至 1998 年 12 月上市的 165 只 A 股在 IPO 后三年期的长期表现。研究发现 IPO 后三年期基本上都存在相对市场的弱势，而影响长期表现的因素主要是初始收益率、总资产规模和流通股比例。李蕴玮等（2002）使用流通市值加权计算了 1995～1998 年 IPOs 的三年期 CAR，研究发现虽然我国股市总体上存在 IPO 长期弱势，并且这种弱势集中在大盘股，但小盘股则表现出微弱的长期强势。丁松良（2003）使用了 CAR、BHAR 和 WR 等长期超额收益计算方法研究了 1994～1999 年上市的 735 只股票 IPO

后的长期走势。研究发现新股在上市后的两个月内表现出了明显的弱势特征，而长期表现则强于市场，通过对比发现，小市值新股的表现在短期和中长期都强于大市值的新股，首日振幅较小的新股的长期超额收益率明显高于振幅较大的新股。白仲光和张维（2003）收集了1998～2000年在我国IPO的股票的周收益率，通过构建对比组合和Fama-French三因子模型研究了它们的长期表现，研究发现我国股市存在不能用Fama-French三因子模型解释的IPO长期强势现象。杜俊涛等（2003）使用1996年在沪市上市的71只新股的月度收益数据和Fama-French三因子模型研究了IPO后五年期的长期表现，研究发现存在显著且减弱的长期弱势现象。杜俊涛（2006）进一步对比研究了CAR和BHAR在计算1992～2001年在上交所IPO的公司的长期弱势现象，研究发现虽然两个指标在差异性上是统计显著的，但不影响得出长期弱势的结论，而基准收益率的选择则会影响最后的结论。郭泓和赵震宇（2006）以2000～2003年上市的公司为样本，研究了承销商声誉对它们IPO后一年期回报的影响，研究发现在控制ROE、未来现金流风险、规模和流通股比率等因素后承销商声誉仍然在10%水平下对一年期回报有显著的正向影响。杨丹和林茂（2006）综合运用BHAR、CAR、MCTAR、CAPM模型和Fama-French三因子模型等对1995～2000年沪深A股IPOs的长期表现进行了研究，在组合方法上使用了等权、流通市值加权和总市值加权，比较基准选取了等权平均、流通市值加权平均和总市值加权平均市场指数收益率及由总市值和B/M得到的类似股票组合收益率。他们的研究发现，在计算超额收益率时如果使用的参照基准或加权方法不同则会得出相异的结果。但是，其中大部分的研究结果支持我国股市存在IPO长期强势的假设。江洪波（2007）虽然没有杨丹和林茂（2006）的研究全面，但是他不仅使用了更大的样本

（1994～2004 年），而且将整个样本期划分成定价管制和市场化等阶段，对 IPO 后五年期的长期表现进行了研究，发现价格管制阶段的 IPO 后市表现并没有呈现明显的弱势或强势，而市场化发行阶段存在较显著的长期弱势现象。

宋双杰等（2011）使用网络搜索量构建投资者关注衡量指标对 IPO 后 2～52 周的累计收益进行了研究，发现 IPO 前个股网络搜索量对于其长期表现有显著的解释能力。张学勇和廖理（2011）将风险投资分成有政府、民营和混合三种背景的资本，对它们支持的上市公司在 IPO 后 90 日内的表现进行了研究，发现对累计超额收益 BHAR 来说，外资和混合型背景风险投资支持的公司比有政府背景风险投资支持的公司更高。邵新建等（2011）以市场指数为基准计算 CAR 对 1995～2008 年 IPO 的公司上市后 480 个交易日内的长期表现进行了研究，发现中国股市整体上存在长期弱势现象，而且他们认为在首日交易中由个人投资者过度乐观导致的情绪性泡沫是我国 IPO 长期弱势的一个原因，当机构成为新股的主要配售者时其首日抛售数量对 IPO 长期收益具有反向预测能力。Su 等（2011）研究了 1996～2005 年上市的我国 A 股 IPOs 的三年期长期表现，研究中使用了 CARs、BHARs、CAPM 模型和 Fama-French 三因子模型，收益计算方法使用了等权重法和价值加权法，对比上使用了按规模和行业选择的配比公司作为基准，发现当使用不同的权重和不同的异常收益计算方法时可以得出不同的结论，小公司 IPOs 的长期表现优于大公司。他们的研究结果支持信号假说，但与意见分歧假说相异。邹高峰等（2012）以询价制实施后的 IPOs 为样本，不仅使用杨丹和林茂（2006）中用到的多种长期超额收益计算方法对我国股市的 IPO 长期表现进行了研究，而且进一步分析了影响 IPO 长期表现的因素，发现大多数测度方法支持我国股市存在 IPO 后三年期弱势的现象，上市首日的市盈率、募资额、投资者情绪（使用上市前15日的市场指数收益率计算）和投资者意见分歧（使用上市首日后25日内的IPO样本日收益率的波动率减去同期内市场指数日收益率的波动率计算）是影响长期表现的重要因素。邵新建等（2013）使用CAR对2011年后的IPOs长期表现进行了研究，发现在上市后的80个交易日内的收益率总体上显著强于市场，而且由分组比较和截面回归检验得到的结果认为承销商对IPO的拔高定价行为是影响其后市表现的重要因素。叶若慧等（2013）对1990～2010年的IPOs后市分析表明，IPO抑价率和公司未来现金流风险是影响它们三年期长期表现CAR和BHAR的显著变量。金德环和张安宁（2014）以百度搜索指数SV作为投资者关注的替代指标探讨了2010～2011年IPO公司的表现，发现投资者关注对IPOs的一年期长期收益率有显著的负向作用。李冬昕等（2014）研究了IPO询价制实施后询价机构报价中的意见分歧对9个月内的IPO长期收益的影响，发现在控制其他因素后意见分歧程度对IPO长期超额收益CAR有显著的负向影响。南晓莉和刘井建（2014）以BHAR为长期绩效度量指标对机构投资者持股特征与IPOs的后市表现的关系进行了实证研究，发现机构投资者高比例持股、较高的持股稳定性和积极的机构投资者参与持股对公司长期表现有正向影响。俞红海等（2015）利用投资者在IPO首日的净买入数据构建情绪指标研究了投资者情绪对IPO后180日的长期收益的影响，发现这一情绪指标表现出显著的负向作用。邹高峰等（2015）在对新股发行估值进行研究的同时对2006～2010年上市的沪深A股的三年期长期收益BHAR进行了研究，发现IPOs长期表现为弱势。孙建华（2015）以创业板IPO公司为样本，研究了风险资本参与对IPOs长期表现的作用，发现风险资本参与只对IPO后一年期的长期收益有负向影响。

（四）　基金绩效相关因素的实证研究

共同基金作为参与股市的主要机构投资者，长期以来受到学术界的关注。其中，对于哪些因素与共同基金的表现相关，先后有学者从不同角度进行了分析并得出了一些有益的结论。Sharpe（1966）分析美国基金在 1963 年前的绩效表现时发现，基金的历史绩效和费用率与基金绩效存在一定程度的相关关系。Grinblatt 和 Titman（1994）利用 1974~1984 年的美国基金数据分析了基金换手率等因素与基金绩效的关系，研究发现换手率与基金经理获取超额收益的能力正相关导致换手率与基金绩效呈现出了显著的正相关关系。Gruber（1996）探讨了 1985~1994 年美国基金业获得迅速发展的原因，指出投资者之所以投资于开放式基金，源于基金过去的绩效可以部分预测其表现，从而使得资金不断流入过去表现好的基金，促使基金业不断壮大。Elton 等（1996）使用 1977~1993 年美国基金数据研究了基金过去的绩效对其未来表现的预测能力，发现过去 1~3 年的阿尔法值都包含了预测未来绩效的信息。Carhart（1997）用 1963~1993 年的美国共同基金数据分析基金绩效的持续性时，分析了与基金绩效相关的基金特征，发现以费用率等测度的投资成本和换手率与基金绩效之间具有显著的负相关关系。Zheng（1999）使用 1961~1993 年的美国共同基金数据分析了基金的资金净流入与基金绩效之间的关系，发现资金净流入的基金的表现明显优于资金净流出的基金。Dahlquist 等（2000）分析了 1992~1997 年与瑞典基金绩效相关的因素，发现规模、费用率、换手率和历史绩效等特征是与股票型基金绩效显著相关的因素，具有较小的规模、低费用率、高换手率和良好的过去绩效等特征的基金更可能有较好的未来表现。Prather 等（2004）将可能影响基金绩效的因素归为受欢迎程度、成长、费用和管理四大类，并使用 1996～2000 年的美国共同基金数据进行了研究，发现这四大类中都存在与基金绩效显著相关的因素，其中历史绩效、费用率和基金所属公司管理的基金数量与基金绩效表现出了显著的负相关关系。Chen 等（2004）使用美国 1962～1999 年的共同基金数据分析了基金规模与基金绩效之间的关系，并讨论了产生这种关系的可能原因，研究发现由于对流动性较弱的股票的投资及组织上的规模不经济，基金规模的增大会侵蚀基金绩效，再者，除基金规模之外，历史绩效和家族规模也是与基金绩效存在显著相关性的因素，但它们与基金绩效之间的关系是正相关的。

Kacperczyk 等（2005）以 1984～1999 年的美国开放式基金数据研究基金投资组合的行业集中度与基金绩效关系时发现，基金投资组合的行业集中度、费用率和基金成立年限都与未来一个季度的基金绩效表现出了显著的相关关系。但是，只有基金投资组合的行业集中度与基金绩效的关系是正相关的。Pollet 和 Wilson（2008）使用 1975～2000 年的美国共同基金数据，分析了随着基金规模增长而带来的基金投资行为的变化。研究发现，基金投资的股票数量的增长速度比资金流入的速度慢，使得基金投资的多样化不足，从而导致规模大的基金表现较差。在与基金绩效相关的因素中，基金规模、家族规模和费用率均较为显著，但只有家族规模与基金绩效的关系是正相关的。Massa 和 Patgiri（2009）使用 1996～2003 年的美国基金数据研究了激励对基金绩效表现和风险承担的影响，发现激励促使基金经理承担更多的风险，从而提高了基金绩效表现，但降低了基金的生存概率。在使用 Carhart 四因子模型得到基金绩效进行回归时，他们发现费用率、家族规模、成立年限、基金规模、资金净流入和换手率等特征都与基金绩效表现出了不同程度的显著相关关系，而且前三者和后三者分别表现出的是正相关和负相关关系。Cremers

和 Petajisto（2009）通过定义共同基金主动管理程度的变量，分析了 1980~2003 年美国共同基金表现与主动管理程度的关系，发现基金主动管理程度越高其绩效表现越好，而且费用率、规模和成立年限是与基金绩效存在显著负相关关系的因素。Huang 等（2011）使用美国 1980~2009 年的共同基金数据研究了风险调整与基金绩效表现的关系。研究发现，基金规模、费用率和资金净流入与基金绩效存在显著的负相关关系，家族规模与基金绩效存在显著的正相关关系，而在控制这些因素后风险调整仍然与共同基金的表现存在显著的负相关关系。Agnesens（2013）以 2004~2012 年美国的共同基金数据为样本，使用 GCT 回归模型分析了与共同基金绩效相关的因素。研究发现，与横截面回归方法得到的结果不同，只有基金规模、家族规模和基金成立年限是与共同基金绩效显著相关的因素，而且其中只有基金规模与基金绩效的关系是负相关的。

　　由于封闭式基金在我国获得了较早发展，基金绩效相关因素的研究也大量围绕着封闭式基金展开。其中，曾德明等（2006）以 2001~2004 年的封闭式基金为样本，使用多元固定响应模型对封闭式基金绩效相关因素进行了较全面的研究，发现历史绩效、折价率和单位净资产与基金绩效有显著的正相关关系，而基金经理的从业经历和市净率与基金绩效有显著的负相关关系。张美霞（2007）以 2000~2005 年的封闭式基金为样本研究基金经理变更与基金绩效的关系时发现，基金经理更换并没有带来基金绩效的显著改善，而基金规模与基金经理更换后的绩效存在显著的负相关关系。在 2003 年之后，开放式基金获得了迅速发展。基于到期的原因，也有些封闭式基金转变成了开放式基金。至 2007 年底，开放式基金数量占比达到 90%。学术界也逐步将研究重心从封闭式基金转向了开放式基金。彭振中等（2010）对比研究了 2007~2008 年公募基金和私募基金之间的绩效差异，发现私募基金表现更好，他们将这一结果归因于私募基金存在更优的激励机制。在与基金绩效相关的因素中，基金成立年限与基金绩效显著正相关。梁亮等（2010）以 2006 年之前发行的 53 只股票型开放式基金为样本，分析了与它们的绩效相关的因素。研究发现，基金规模与其绩效并不具有显著的相关关系，而基金费用率发生情况和基金经理变更频率与基金绩效存在显著的相关关系。江萍等（2011）以我国 2004～2010 年的开放式股票型基金为研究样本，分析了基金管理公司的国有控股和中外合资属性与其管理基金的表现的关系。研究发现，具有国有控股和中外合资股权结构特征的基金管理公司旗下的基金绩效表现会更好，同时基金规模、历史绩效、成立年限和资金净流入等控制变量在大部分情况下也是显著的，其中只有资金净流入与基金绩效的关系是正相关的。

郭文伟等（2011）以 2003 年底之前成立的 52 只开放式基金为样本，研究了基金的风格漂移、现金流波动与其绩效的关系。研究发现，从长期来看风格漂移和现金流波动都与基金绩效有负相关关系，但从短期来看风格漂移与基金绩效的关系随股市的牛熊市特征而发生变化。任颋和邵景丽（2012）以 2003～2010 年的 625 只开放式基金为样本，研究了基金经理更替对其绩效的影响。研究发现，基金经理更替频率与其绩效的关系在不同基金类型之间存在差异，对股票型基金来说，基金经理更替频率与其绩效有负相关关系，而对债券型基金来说则相反。同时，基金费用率和基金规模分别与基金绩效表现出了显著的负相关关系和正相关关系。刘莎莎等（2013）以 2003～2011 年的开放式基金为样本，研究了基金风险调整与其绩效的关系。研究表明，仅在熊市的状态条件下基金经理的风险调整行为对基金绩效有显著的积极影响。在研究过程中，他们不仅使用了 Fama-French-Carhart 四因子模型得到的风险调整绩效，也使用其他绩效指标进行了研究。在使用 Fama-French-Carhart 四因子模型得到的风险调整绩效进行研究的情况下，基金一年期历史绩效、基金家族规模和成立年限与基金绩效的相关关系是显著的，而且前两者与基金绩效之间的关系是正相关的。段洁新等（2013）以 2010～2012 年的开放式基金数据为样本，运用固定效应模型和随机效应模型分析了与基金绩效相关的因素。研究发现，在研究中使用固定效应模型更为适当，股票交易量、股票投资比例和基金规模与基金绩效有显著的正相关关系，而基金规模的平方项和机构投资者占有比例与基金绩效有显著的负相关关系。曾建光等（2013）以我国 2008～2011 年的开放式基金为样本，使用 ROE 作为基金绩效的代理变量研究了证监会强制要求基金公司使用 XBRL 发布财务报告等信息对基金绩效的影响。研究发现，家族规模和机构投资者占有比例与基金绩效表现出了显著的正相关关系，而换手率等因素与基金绩效表现出了显著的负相关关系。在控制这些因素后，研究结果仍表明 XBRL 的应用提升了开放式基金的绩效水平。林煜恩等（2014）以 2002～2013 年我国开放式基金的数据为样本，运用投资组合构造法对比研究了基金的资金净流入高低与基金绩效的关系。研究发现，高资金净流入的基金组合的绩效明显高于低资金净流入的基金组合的绩效。

三　本章小结

本章在对资产定价理论进行简要回顾的基础上，综述了与 Fama-French 三因子模型研究相关的国内外重要实证文献，为后文以我国证券市场数据为样本对 Fama-French 五因子模型的实证检验和应用研究提供了基本的理论支撑。在理论回顾和文献综述过程中，主要发现以下问题值得进一步拓展研究。

（1）国内学者对 Fama-French 三因子模型进行了大量研究，而在对 Fama-French 五因子模型的研究上，国内仅有学者赵胜民等（2016）进行了研究且得出了在我国股市 Fama-French 五因子模型的表现不及 Fama-French 三因子模型的结论。但是，他们的研究也存在不足之处：一是没有考虑涨跌停板制度的实施而使用了 1996 年底之前的数据；二是在研究设计中他们使用了会计年度结束后的时间——每年的 12 月底构造投资组合及因子模型，忽视了我国证监会对上市公司在会计年度结束后的 4 个月内完成会计年度报告编制和披露的要求。后文将考虑这些因素，再次对 Fama-French 五因子模型在我国股市的表现进行研究。

（2）国内已有部分学者从上涨和下跌阶段、牛熊市的市场状态的角度对 Fama-French 三因子模型的表现进行了研究。后文将继续从这一角度对 Fama-French 五因子模型在牛熊市状态下的表现进行研究分析。

（3）Kang 和 Zhang（2014）的研究证实，他们提出的改进的 Amihud 非流动性测度比未改进的 Amihud 非流动性测度表现更好，但尚未在流动性定价的研究中得到应用，并且 Fama-French 五因子模型也尚未被用于流动性定价的研究中。后文将在这两个方面进行拓展研究。

（4）在研究 IPOs 长期表现问题时，已有研究多使用 CAPM 模型和 Fama-French 三因子模型。那么，使用 Fama-French 五因子模型进行研究是否会得到与之前的研究不一致的结论？后文的研究将对这一问题进行回答。

（5）在研究与基金绩效相关的因素时，国内学者多使用与固定效应模型相结合的两步法。近期 Hoechle 等（2016）提出 GCT 回归模型相比两步法更有优势，但尚未有国内学者进行研究。再者，Fama-French 五因子模型尚未被应用于我国基金绩效的相关研究中。后文将对 GCT 回归模型和 Fama-French 五因子模型在基金绩效相关因素研究中的表现进行探讨。

第三章　　五因子资产定价模型
在中国股市的适用性研究

Fama 和 French（2015a）在研究上市公司的规模、账面市值比（B/M）、盈利和投资等因素与股票收益率关系的基础上，提出了五因子资产定价模型。那么，在我国股市里，上市公司的规模、账面市值比（B/M）、盈利和投资等因素与股票收益率之间存在怎样的关系？Fama-French 五因子模型在我国股市里表现如何？本章将对这些问题进行回答。

一　五因子资产定价模型的主要理论

Fama 和 French（2015a）通过分析 Miller 和 Modigliani（1961）的估值模型指出股票的期望收益与上市公司的账面市值比（B/M）、盈利和投资等因素相关，构建了五因子资产定价模型的理论基础。Miller 和 Modigliani（1961）的估值模型指出 t 时期上市公司的市场价值可以由下式给出：

$$M_t = \sum_{\tau=1}^{\infty} E(Y_{t+\tau} - \mathrm{d}B_{t+\tau})/(1+r)^{\tau} \tag{3.1}$$

式（3.1）里，M_t 为某个上市公司在 t 时期的市场价值，$Y_{t+\tau}$ 为上市公司在 $t+\tau$ 时期的股权收益，$\mathrm{d}B_{t+\tau} = B_{t+\tau} - B_{t+\tau-1}$ 为账面价值变化，r 为上市公司股票的长期期望收益率或内部收益率。使用 B_t 除式（3.1）可得到下式：

$$M_t/B_t = \sum_{\tau=1}^{\infty} E\left[Y_{t+\tau}/B_t - (\mathrm{d}B_{t+\tau})/B_t\right]/(1+r)^{\tau} \qquad (3.2)$$

式（3.2）表明，可以从三个方面对期望收益率 r 进行解释。一是假设除市场价值 M_t 和股票期望收益率 r 之外其他变量都一定，那么具有较高的 B_t/M_t 的上市公司的股票应该获得较高的期望收益率；二是假设除 $t+\tau$ 时期的股权收益 $Y_{t+\tau}$ 和股票期望收益率 r 之外其他变量都一定，那么具有较高盈利（$Y_{t+\tau}/B_t$）的上市公司的股票也应该获得较高的期望收益率；三是假设除 $t+\tau$ 时期的账面价值变化 $\mathrm{d}B_{t+\tau}$ 和股票期望收益率 r 之外其他变量都一定，那么具有较高预期账面价值增长 $\left[(\mathrm{d}B_{t+\tau})/B_t\right.$，也就是投资水平] 的上市公司的股票应该获得较低的期望收益率。在将公司分为价值型公司和成长型公司的前提下，Fama 和 French（2006）进一步指出，高盈利的公司、高账面市值比的公司、低投资的公司是价值型公司，而低盈利的公司、低账面市值比的公司、高投资的公司是成长型公司。

当前在解释式（3.2）所描述的关系上，主要是从理性定价和非理性定价两个角度出发。其中，理性定价的解释以 Fama 和 French（2006）为代表，他们认为投资者获得的较高收益率反映了股票的折价，而股票之所以出现折价源于其背后所体现的基本面风险大小。他们认为，当控制其他变量时，高盈利的公司和高账面市值比的公司具有较高的风险，而高投资的公司具有较低的风险。投资者持有高风险的公司股票应该获得风险补偿，从而持有价值型公司股票应该获得比持有成长型公司股票更高的收益率。非理性定价的解释以

Lakonishok 等（1994）为代表，Lakonishok 等（1994）认为投资者获得的较高收益率不是因为他们承担了较高的风险，而是由市场对错误定价的修正所产生的。由于市场上的投资者更重视近期信息的价值，具有高盈利、高账面市值比、低投资特征的价值型公司在近期收益增长较为缓慢，投资者就认为价值型公司在未来仍然会维持较缓慢的收益增长，从而低估这些公司的价值，相应地高估成长型公司的价值。随着时间的推移，低估和高估在市场上得到修正，从而导致持有价值型公司股票的投资者获得较高的收益率，持有成长型公司股票的投资者获得较低的收益率。

为了验证式（3.2）所表现的关系，Fama 和 French（2015a）通过选取适当的盈利因素和投资因素的代理变量进行因子模拟，并将它们添加到 Fama-French 三因子模型中构建了 Fama-French 五因子模型，对美国股市资产定价的决定因素进行了实证研究。Fama-French 五因子模型具体形式如下：

$$R_{it} - R_{Ft} = \alpha_i + b_i(R_{Mt} - R_{Ft}) + s_i SMB_t + h_i HML_t + r_i RMW_t + c_i CMA_t + e_{it}$$

$$(3.3)$$

式（3.3）中，R_{it} 表示证券或投资组合 i 在 t 时期的收益率，R_{Ft} 表示无风险收益率，R_{Mt} 表示市场收益率。SMB_t 表示由上市公司规模差异造成的风险溢价得到的因子，HML_t 表示由上市公司账面市值比差异造成的风险溢价得到的因子，RMW_t 表示由上市公司盈利能力差异造成的风险溢价得到的因子，CMA_t 表示由上市公司投资水平差异造成的风险溢价得到的因子。α_i 表示截距项，b_i、s_i、h_i、r_i 和 c_i 为因子载荷，而 e_{it} 为扰动项。

为了进行实证比较，本章同样给出 Fama 和 French（1993）以市场因素、规模因素和账面市值比因素为基础构造的 Fama-French 三因子模型的具体形式，如下式所示：

$$R_{it} - R_{Ft} = \alpha_i + b_i(R_{Mt} - R_{Ft}) + s_i SMB_t + h_i HML_t + e_{it} \qquad (3.4)$$

在式（3.4）中，各变量和系数的意义与式（3.3）相同。

二　样本选取和研究设计

（一）样本选取和处理

本章财务数据来自 Wind 数据库，股票月度收益数据来自国泰安数据库。考虑到我国股市在 1996 年 12 月 16 日开始实施了涨跌停板制度，本章选取 1997 年 7 月至 2015 年 6 月的沪深 A 股月度收益数据作为实证研究样本，以三个月定期利率转换的月利率作为无风险利率，选取样本股流通市值加权的股票月度收益率作为市场组合收益率。筛选样本标准是以上一年（$t-1$ 年）年末所有 A 股上市公司为初始样本，依次剔除金融行业的公司、当年（t 年 7 月至 $t+1$ 年 6 月）实施 ST 和 *ST 的公司、账面价值为负的公司、其他数据缺失或数据错误的公司。

（二）研究设计

为了探讨 Fama-French 五因子模型在我国股市的表现，本章从定义研究指标、使用 Fama-MacBeth 两步法回归分析各因素的显著性、进行股票分组和因素指标的模拟计算等几个步骤依次展开。

1. 研究指标的定义

无风险收益率使用三个月定期利率转换的月利率计算；市场收益率由样本股流通市值加权的股票月度收益率得到；公司规模（$Size$）用第 $t-1$ 年年末的股价与流通股数量的乘积来表示；账面市

值比（B/M）使用第 $t-1$ 年年末股东所有者权益合计的值与总市值的比值来计算；在 Fama 和 French （2015a）的研究中，他们使用（年收入－商品销售成本－利息费用－销售及一般管理费用）／账面价值测度上市公司的运营盈利能力，本章使用第 $t-1$ 年年末利润表中的营业利润与账面价值的比值作为盈利能力（OP）的代理变量；同时根据 Fama 和 French （2015a）的思路，采用资产负债表中第 $t-1$ 年年末总资产相对第 $t-2$ 年年末总资产的变化率作为上市公司投资水平（Inv）的代理变量。

2. 研究方法

本章首先使用 Fama-MacBeth 两步法进行横截面回归分析，研究规模因素、账面市值比因素、盈利因素和投资因素对个股横截面收益差异的解释能力；然后构建投资组合模拟构造各种因子进行时间序列回归分析，用于研究 Fama-French 五因子模型的实证表现。

（1）使用 Fama-MacBeth 两步法进行横截面回归分析。

Fama-MacBeth 两步法由 Fama 和 MacBeth （1973）在检验 CAPM 模型时首次提出，其后被广泛应用于资产定价实证研究中，该方法在检验影响横截面差异因素的显著性上具有优势。在本章里，我们使用该方法检验规模因素、账面市值比因素、盈利因素和投资因素在解释个股横截面收益差异上的显著性。在这部分研究中，使用第 $t-1$ 年年末流通市值的对数作为规模因子，记为 LMV；使用第 $t-1$ 年年末账面市值比（B/M）的对数作为账面市值比因子，记为 LBM；盈利因子和投资因子分别按照研究指标定义中的方法直接计算得到，并分别记为 OP 和 Inv。当同时使用四个因子对 t 时期的个股横截面收益进行解释时，模型可以表示为：

$$R_{it} - R_{Ft} = \alpha_t + \beta_{1t}LMV_{it} + \beta_{2t}LBM_{it} + \beta_{3t}OP_{it} + \beta_{4t}Inv_{it} + e_{it} \qquad (3.5)$$

依据 Fama-MacBeth 两步法的思想：第一步使用模型（3.5）对 t 时期个股的横截面超额收益回归，得到各因子系数的估计值 $\hat{\beta}_t$，用同样方法，对 T 个时期的横截面个股超额收益回归，从而每个因子都可以得到 T 个系数；第二步使用式（3.6）服从自由度为 $T-1$ 的学生 t 分布的统计量进行 t 检验，判断各因子系数是否显著异于零。

$$t_\beta = \bar{\beta}/\hat{\sigma} \qquad\qquad (3.6)$$

其中，$\bar{\beta} = \dfrac{1}{T}\sum_{t=1}^{T}\hat{\beta}_t$，$\hat{\sigma}^2 = \dfrac{1}{T(T-1)}\sum_{t=1}^{T}(\hat{\beta}_t - \bar{\beta})^2$。

由 Fama-MacBeth 两步法估计式（3.5）得到的各因子的 t 检验结果，研究的是在控制其他三个因素后单个因素在解释横截面超额收益差异上的显著性。一般来说，通常要先研究各因素独立起作用时的显著性水平。例如，当只研究规模因素 LMV 时，只需要将其他三个因素去掉，仅用横截面超额收益对 LMV 回归，按 Fama-MacBeth 两步法即可得到该因素对横截面超额收益的平均影响系数 $\bar{\beta}_1$。根据 t 检验结果，即可判断规模因素在解释不同股票之间收益差异上的显著性。如此，可以依次判断账面市值比因素 LBM、盈利因素 OP 和投资因素 Inv 的显著性。当然，还可以从中分别选取两个或三个因素进行研究，判断在控制其他因素后某个因素是否还具有显著的解释能力。

（2）构建投资组合模拟因子进行时间序列回归分析。

构建投资组合模拟因子法是 Fama 和 French（1993）、Fama 和 French（2015a）研究中使用的主要方法，其主要思想包括股票分组、因子指标的计算方法和回归分析。下文只探讨前两步，回归分析将在实证部分给出。

股票分组：首先使用我国股市 1997 年 7 月至 2015 年 6 月的上市公司月度收益数据减去当月无风险利率得到相应的月度超额收

益，接着按流通市值对每年的样本进行排序分成规模由小到大的五组，然后分别按 B/M、OP 和 Inv 进一步细分成五组构建 5×5 投资组合，最后计算得到各投资组合流通市值加权的月度平均超额收益。由此得到的 5×5 投资组合月度平均超额收益有两方面用途：一是对得到的所有月份平均超额收益进一步取平均值，分析我国股市里各因素在横截面平均收益上表现出来的特征；二是作为式（3.3）中左边的部分 $R_{it} - R_{Ft}$，用于 Fama-French 五因子模型的时间序列回归分析中。

因子指标的计算方法：为了方便分析，本章首先按照 Fama 和 French（2015a）中构建 2×3 组合的方法定义式（3.3）中右边的主要因子。具体来说，首先按规模大小排序分成两组并分别标记为规模小组（S）和规模大组（B）。然后以得到 30%、40% 和 30% 比例股票的方法，将规模小组和规模大组分别按账面市值比差异、盈利差异和投资差异分成三组，从而依次得到账面市值比高（H）、中（N）和低（L）的三组，盈利能力强（R）、中（N）和弱（W）的三组，投资保守（C）、中性（N）和激进（A）的三组。最后按以下各式计算各因子：

$$SMB_{B/M} = (SH + SN + SL)/3 - (BH + BN + BL)/3$$

$$SMB_{OP} = (SR + SN + SW)/3 - (BR + BN + BW)/3$$

$$SMB_{Inv} = (SC + SN + SA)/3 - (BC + BN + BA)/3$$

$$SMB = (SMB_{B/M} + SMB_{OP} + SMB_{Inv})/3$$

$$HML = (SH + BH)/2 - (SL + BL)/2$$

$$RMW = (SR + BR)/2 - (SW + BW)/2$$

$$CMA = (SC + BC)/2 - (SA + BA)/2$$

上式中，SH 表示规模小组（S）且账面市值比高（H）的投资

组合的流通市值加权的月度平均收益，而 *HML* 表示账面市值比高
（H）的投资组合的月度平均收益减去账面市值比低（L）的投资组
合的月度平均收益，其他符号意义类似。

（三）我国股市平均收益表现出来的特征

为了方便后文研究，在这部分将通过股票分组得到的 5 × 5 投资
组合月度平均超额收益的平均值列于表 3 – 1 中。

表 3 – 1 5 × 5 投资组合月度平均超额收益

单位：%

	低	2	3	4	高	均值
面板 A：*Size – B/M* 组合						
均值	**1.3978**	**1.5496**	**1.5917**	**1.6333**	1.5657	—
小	1.9372	2.3887	2.2239	2.2999	2.0263	2.1752
2	**1.7511**	**1.8025**	**1.9179**	**2.0130**	1.7494	1.8468
3	**1.1858**	**1.6339**	**1.6375**	**1.7116**	1.7066	1.5751
4	1.3624	1.2642	1.4048	1.3635	1.3889	1.3568
大	0.7527	**0.6585**	**0.7744**	**0.7784**	**0.9574**	0.7843
面板 B：*Size – OP* 组合						
均值	**2.0184**	1.8490	1.8962	1.8860	**1.7207**	—
小	**2.4899**	**2.2218**	**2.1368**	2.1985	**1.9212**	2.1936
2	1.8817	1.8158	1.9374	1.8787	1.7363	1.8500
3	**1.6837**	1.5095	**1.6145**	**1.5807**	1.5045	1.5786
4	**1.2658**	**1.2939**	**1.3435**	1.5049	1.3942	1.3605
大	0.8297	**0.7259**	**0.7929**	**0.8223**	**0.8563**	0.8054

	低	2	3	4	高	均值
面板 C：*Size – Inv* 组合						
均值	**1.6275**	**1.6253**	**1.5686**	**1.5176**	**1.4344**	
小	2.3912	**2.5004**	**2.1349**	**2.0788**	**1.8489**	2.1908
2	1.9470	1.9058	1.9443	1.6852	1.7596	1.8484
3	1.6278	1.6597	1.4814	1.7239	1.3983	1.5782
4	**1.2737**	**1.3427**	**1.4366**	1.2997	**1.4394**	1.3584
大	**0.8980**	0.7180	**0.8459**	**0.8006**	**0.7258**	0.7977

注：为了更方便地发现数据间的规律性特征，表中不仅计算了各行和各列的平均值，而且对其中由 4（或 5）个行数据表现出渐变特征的数据进行了加粗。

从表 3 - 1 可以看出，在三个面板 A、B、C 的数据里，除个别列之外规模（*Size*）较小的分组的平均收益依次高于规模相对较大的分组，而且三个面板各行数据的平均值也随着规模的增大逐渐变小，表明我国股市存在明显的规模效应特征。从面板 A 各行的数据可以看出，第 2 行、第 3 行及规模最大的行的值越向右其值越大（除第 2 行和第 3 行的最右端，规模最大行的最左端），而且各列的平均值除最右边的值之外其他值依次变大，也就是说 *B/M* 值越高月度收益的平均值越大，表明我国股市存在账面市值比效应特征，但也表现出了翘尾现象。田利辉等（2014）在他们的研究中也发现了这一现象。从面板 B 的各行可以看出，规模最小的行、第 3 小、第 4 小和规模最大的行都存在较为明显的由四个值构成的渐变特征，但其中前两行和后两行表现出来的规律截然不同，前两行表明盈利能力越弱的上市公司的投资组合越可能获得更高的平均收益，而后两行则表明盈利能力越强的上市公司的投资组合越可能获得更高的平均收益。这表明在盈利能力表现出来的特征上，规模大的分组表现出来的特征与美国股市表现出来的特征较为近似，但规模小组相反。不过由各列的均值表现出来的特征表明我国股市的主要特征是，盈利能力越强月度平均收益越低，这与美国股市表现出来的特征相反。从面板 C 各行可以看出，在规模最小的行、规模第 4 小的行和规模最大的行存在由四个值构成的渐变特征。其中，规模最小的行和规模最大的行呈现的渐变特征表明投资越激进的组合的月度平均收益值越小，而规模第 4 小的行表现的特征则相反。另外各列的平均值从左至右依次变小。因此，面板 C 表明在我国股市里表现出的与投资相关的主要特征是投资越激进的上市公司的投资组合越可能获得更低的平均收益，这与美国股市表现来的特征相同。由以上分析可以发现，我国股市中的平均收益也存在规模、账面市值比、盈利和投资相关的效应特征。

三 实证研究

（一） Fama-MacBeth 横截面回归分析

首先，使用 Fama-MacBeth 两步法对全部样本进行回归检验，研究规模、账面市值比、盈利和投资四个因素在独立或联合时解释个股横截面收益差异上的显著性。其次，为了进一步分析这四个因素在不同规模下的情况，本章将每年的样本均分成规模大组和规模小组。最后，分别对样本期内所有规模大的和小的组进行 Fama-MacBeth 两步法回归。由 Fama-MacBeth 横截面回归得到的主要研究结果列于表 3 – 2 中（其中的 t 值是在 Newey – West 估计法下计算异方差自相关稳健标准误得到的值[1]）。

---

[1] 本章其余部分涉及的 t 统计量也都是使用这一方法进行调整得到的相应值。

表 3 – 2　Fama-MacBeth 横截面回归主要结果

	一	二	三	四	五	六	七	八
全样本								
LMV	-0.0049*** (-3.11)				-0.0051*** (-3.13)	-0.0048*** (-3.25)	-0.0048*** (-3.04)	-0.0049*** (-3.18)
LBM		0.0021 (1.62)			0.0012 (0.90)			0.0008 (0.59)
OP			-0.0099 (-1.34)			-0.0008 (-0.13)		-0.0036 (-0.66)
Inv				-0.0011 (-1.01)			-0.0005 (-0.55)	-0.0006 (-0.77)
规模大组的样本								
LMV	-0.0039** (-2.39)				-0.0039** (-2.33)	-0.0040*** (-2.64)	-0.0039** (-2.37)	-0.0039** (-2.57)
LBM		0.0021 (1.32)			0.0018 (1.12)			0.0014 (0.85)
OP			-0.0038 (-0.43)			0.0022 (0.27)		-0.0009 (-0.11)
Inv				0.0001 (0.12)			0.0002 (0.23)	0.0006 (0.72)
规模小组的样本								
LMV	-0.0053*** (-2.73)				-0.0061*** (-2.86)	-0.0049*** (-2.60)	-0.0051*** (-2.64)	-0.0055*** (-2.70)
LBM		0.0008 (0.68)			0.0002 (0.18)			-0.0002 (-0.13)
OP			-0.0108 (-1.60)			-0.0083 (-1.36)		-0.0088 (-1.48)

续表

	一	二	三	四	五	六	七	八
规模小组的样本								
Inv				−0.0021 (−1.53)			−0.0016 (−1.22)	−0.0014 (−1.24)

注：＊表示在10%的水平下显著，＊＊表示在5%的水平下显著，＊＊＊表示在1%的水平下显著，这些同样适用于本章其他表。表3−2中括号内为相应系数对应的 t 值，列中出现并列几个系数时表示使用 Fama-MacBeth 横截面回归对相应因素进行联合检验。为了简便，对多个因素联合的情况，这里只给出了规模因素分别与其他因素联合及四个因素联合时得到的检验结果。一至八代表八个独立的模型。

　　先分析单个因素独立起作用时的表现，从表3−2全样本下列示的数据可以看出，规模因素、账面市值比因素、盈利因素和投资因素系数的 t 值的绝对值依次变小，说明它们在解释个股横截面收益差异上的显著性依次减弱。只有账面市值比因素的系数为正值，也就是说，规模越大的股票的收益率越低，账面市值比越低的股票的收益率越低，盈利能力越强的股票的收益率越低，投资越激进的股票的收益率也越低。这些再次证明了表3−1中表现出的主要效应特征。进一步比较由 Fama-MacBeth 两步法得到的规模大组和规模小组各因子系数的 t 值，可以发现规模因素在两个组的 t 值的绝对值基本无差异，账面市值比因素在规模大组的 t 值的绝对值明显高于规模小组，而盈利因素和投资因素则表现相反，它们在规模大组的 t 值的绝对值明显低于规模小组。再者，在控制规模因素后，账面市值比因素的 t 值在规模大组的样本里仍然大于1，而盈利和投资因素的 t 值的绝对值则在规模小组的样本里大于1。在研究对象为全样本和规模大组的样本时，在控制其他三个因素后，账面市值比因素、盈利因素和投资因素的 t 值的绝对值都小于1；但在研究对象为规模小组的样本时，在控制其他三个因素后，盈利因素和投资因素的 t 值的绝对值仍然保持在了1.33左右。分析由三个样本得到的结果可以发现，规模因素在1%或5%的水平下显著异于零，但其他三个因素并不显著异于零。因此可以说，在解释个股的横截面收益差异上，规模因素具有较高的显著性，而账面市值比因素、盈利因素和投资因素均不显著。

（二）模拟因子进行时间序列回归分析

1. 因子的描述性特征和关系

表3-3描述了使用2×3组合的方法构建的各因子的主要统计量。我国股市市场超额收益（$R_M - R_F$）的平均值为0.0108，表现为正的市场溢价，在10%的水平下显著异于零；规模因子（SMB）的值为0.0091，且在1%的水平下显著异于零；但是，账面市值比因子（HML）和盈利因子（RMW）都不显著异于零，而且盈利因子为负值；投资因子（CMA）的值为0.0024，但不显著异于零。

表3-3 因子的描述性统计表现

	$R_M - R_F$	SMB	HML	RMW	CMA
均值	0.0108[*]	0.0091[***]	0.0017	-0.0017	0.0024
标准差	0.0877	0.0407	0.0334	0.0342	0.0214
最小值	-0.2734	-0.2153	-0.1560	-0.1303	-0.0545
最大值	0.3651	0.1839	0.1715	0.1392	0.0677

Fama和French（2015a）指出，在美国股市里HML的引入不会改变模型均值的有效性，HML在他们构建的五因子模型里是"冗余因子"。这里，使用他们的方法检验本章构建的因子是否存在"冗余因子"。表3-4里列出的是依次用其余四个因子对第五个因子回归得到的截距项及其显著性。同时，为了稳健性的考虑，表3-4也列出了2×2组合因子构造法和2×2×2×2组合因子构造法下得到的

结果。

表 3 - 4　用其余四个因子对第五个因子回归得到的截距项及其显著性

	$R_M - R_F$	SMB	HML	RMW	CMA
2 × 3 组合	0.0152*	0.0098***	0.0054***	0.0051***	0.0022**
2 × 2 组合	0.0134*	0.0101***	0.0035**	0.0042***	0.0018**
2 × 2 × 2 × 2 组合	0.0133*	0.0088***	0.0037**	0.0036***	0.0014**

从表 3 - 4 可以看出，回归得到的后四个截距项均在 1% 或 5% 的水平下显著异于零，而第一个截距项则在 10% 的水平下显著异于零，表明在我国股市里这五个因子都不是"冗余因子"。

2. 因子模型回归分析的主要结果

使用因子模型（3.3）和模型（3.4）分别对按规模 - 账面市值比（Size - B/M）、规模 - 盈利（Size - OP）和规模 - 投资（Size - Inv）分组得到的 5 × 5 投资组合的月度平均收益进行回归分析，得到的主要回归结果列于表 3 - 5 至表 3 - 7 中，另外，为了检验各定价模型在回归时是否存在多重共线性，本章使用方差膨胀因子来进行判断。通过进一步使用由两个定价模型回归投资组合平均收益得到的结果计算方差膨胀因子，发现所有变量的 VIF 值都小于 5。因此，可以说本章研究的两个定价模型都不存在严重的多重共线性问题。

从表 3 - 5 可以看出，在 25 个 Size - B/M 分组组合回归得到的截距项中，Fama-French 三因子模型和 Fama-French 五因子模型在 5% 的水平下各有 2 个显著异于零，而在 10% 的水平下 Fama-French 三因子模型和 Fama-French 五因子模型分别有 4 个和 3 个显著异于零，说明在解释按规模 - 账面市值比（Size - B/M）分组的平均收益上，Fama-French 五因子模型比 Fama-French 三因子模型更有优势；市场因子的系数在 0.9674 和 1.0724 之间且显著异于零；规模因子的系数差异较大，规模最小的组合的因子系数都大于 1，随着规模增大，因子系数逐渐变小，至规模最大的分组因子系数变为负值；账面市值比因子的系数随着账面市值比的变大，其值也逐渐变大（只有规模为 4 且账面市值比为 3 时表现出了异常），而且这 25 个系数中在 5% 的水平下只有 6 个不显著异于零，在 10% 的水平下只有 5 个不显著异于零，表明账面市值比因子对模型有显著贡献。但是，此时盈利因子的系数和投资因子的系数在 5% 的水平下分别有 5 个和 3 个显著异于零，在 10% 的水平下分别有 6 个和 8 个显著异于零。

表 3 – 5   *Size – B/M* 分组平均收益的主要回归结果

B/M	低	2	3	4	高
面板 A：三因子（$R_M - R_F$、*SMB*、*HML*）模型					
			α		
小	0.0003	0.0031**	0.0004	0.0019	– 0.0009
2	0.0002	– 0.0004	0.0000	0.0005	– 0.0016
3	– 0.0044***	– 0.0006	– 0.0002	– 0.0013	– 0.0008
4	– 0.0002	– 0.0026*	0.0001	– 0.0016	– 0.0006
大	0.0016	– 0.0008	0.0000	– 0.0013	0.0022*
面板 B：五因子（$R_M - R_F$、*SMB*、*HML*、*RMW*、*CMA*）模型					
			α		
小	0.0002	0.0030**	0.0005	0.0024*	0.0004
2	0.0001	– 0.0005	– 0.0006	0.0004	– 0.0006
3	– 0.0037***	– 1.0017	– 0.0002	– 0.0012	0.0002
4	– 0.0001	– 0.0023	– 0.0001	– 0.0005	– 0.0001
大	0.0016	– 0.0006	– 0.0001	– 0.0017	0.0011
			b		
小	0.9750***	0.9974***	0.9816***	1.0037***	0.9674***

B/M	低	2	3	4	高
面板 B：五因子（$R_M - R_F$、SMB、HML、RMW、CMA）模型					
			b		
2	1. 0008 ***	1. 0146 ***	1. 0086 ***	1. 0312 ***	0. 9866 ***
3	0. 9817 ***	1. 0524 ***	0. 9971 ***	1. 0278 ***	1. 0257 ***
4	0. 9821 ***	1. 0147 ***	1. 0724 ***	1. 0610 ***	1. 0332 ***
大	0. 9719 ***	1. 0332 ***	1. 0224 ***	1. 0228 ***	0. 9710 ***
			s		
小	1. 0212 ***	1. 1933 ***	1. 2577 ***	1. 0391 ***	1. 0068 ***
2	0. 7978 ***	0. 8435 ***	0. 9838 ***	0. 9250 ***	0. 7506 ***
3	0. 6142 ***	0. 7531 ***	0. 6634 ***	0. 7131 ***	0. 5199 ***
4	0. 4436 ***	0. 5319 ***	0. 3249 ***	0. 2582 ***	0. 2334 ***
大	- 0. 3857 ***	- 0. 3003 ***	- 0. 3441 ***	- 0. 2037 ***	- 0. 3404 ***
			h		
小	- 0. 3817 ***	- 0. 1491 **	- 0. 0353	0. 0117	0. 1133 *
2	- 0. 4274 ***	- 0. 2044 ***	0. 0215	0. 1428 ***	0. 2486 ***
3	- 0. 3542 ***	- 0. 1905 ***	0. 0065	0. 1246 **	0. 3600 ***
4	- 0. 5821 ***	- 0. 1944 ***	- 0. 2283 ***	0. 0608	0. 3965 ***
大	- 1. 0604 ***	- 0. 4333 ***	- 0. 1244 **	0. 4800 ***	0. 7274 ***
			r		
小	0. 0076	- 0. 0135	- 0. 0439	- 0. 0845	- 0. 2491 ***
2	0. 0214	0. 0212	0. 1036	0. 0148	- 0. 1953 **
3	- 0. 1560	0. 2113 **	- 0. 0059	0. 0165	- 0. 1769 **
4	- 0. 0145	- 0. 0942	0. 0467	- 0. 2006 *	- 0. 0875
大	0. 0301	- 0. 0629	0. 0257	0. 0319	0. 1996 **
			c		
小	- 0. 0285	- 0. 2517 *	- 0. 1735 *	0. 0478	- 0. 1838 *
2	0. 0315	0. 0758	- 0. 0137	- 0. 0463	- 0. 0867
3	- 0. 1664	0. 1754	- 0. 1240	0. 2085 *	0. 0437
4	- 0. 0099	- 0. 3191 ***	0. 0341	- 0. 0646	- 0. 0360

续表

B/M	低	2	3	4	高
面板 B：五因子（$R_M - R_F$、SMB、HML、RMW、CMA）模型					
			c		
大	0.3118***	− 0.2528*	0.0670	− 0.2115**	0.0825

注：考虑到研究的需要，面板 A 只给出了三因子模型回归的截距项及其显著性。面板 B 依次给出了五因子模型的截距项、各因子的系数及它们的显著性。表 3 − 6 和表 3 − 7 相同。

从表 3 − 6 可以看出，在 25 个 Size − OP 分组组合回归得到的截距项中，Fama-French 三因子模型在 5% 和 10% 的水平下分别有 6 个和 9 个显著异于零，而 Fama-French 五因子模型在 5% 和 10% 的水平下都只有 2 个显著异于零，说明在解释按规模 − 盈利（Size − OP）分组的平均收益上，Fama-French 五因子模型比 Fama-French 三因子模型更有优势；市场因子和规模因子的系数也都如表 3 − 5 里那样全部显著异于零；盈利越高的分组的盈利因子系数越大（只有规模为 3 且盈利为最高时表现出了异常），而且得到的 25 个系数中在 5% 的水平下只有 8 个不显著异于零，在 10% 的水平下只有 6 个不显著异于零，说明盈利因子的引入有助于解释按规模 − 盈利分组的平均收益。但此时，账面市值比因子的系数和投资因子的系数在 5% 的水平下分别有 6 个和 4 个显著异于零，在 10% 的水平下分别有 7 个和 5 个显著异于零。

表 3 − 6　Size − OP 分组平均收益的主要回归结果

OP	低	2	3	4	高
面板 A：三因子（$R_M - R_F$、SMB、HML）模型					
			α		
小	0.0024*	0.0005	0.0005	0.0020	0.0002
2	− 0.0023*	− 0.0016	0.0003	0.0008	0.0014
3	− 0.0030**	− 0.0044***	− 0.0010	0.0004	0.0007
4	− 0.0050***	− 0.0025*	− 0.0015	0.0015	0.0026

续表

OP	低	2	3	4	高
面板 A：三因子（$R_M - R_F$、SMB、HML）模型					
α					
大	-0.0051^{***}	-0.0020	0.0000	0.0028^{**}	0.0051^{***}
面板 B：五因子（$R_M - R_F$、SMB、HML、RMW、CMA）模型					
α					
小	0.0047^{***}	0.0018	0.0007	0.0015	-0.0013
2	0.0007	0.0002	-0.0003	-0.0003	-0.0013
3	-0.0003	-0.0027^{**}	-0.0011	-0.0014	-0.0009
4	-0.0016	-0.0015	-0.0009	0.0006	0.0004
大	-0.0010	-0.0011	-0.0001	0.0008	0.0021
b					
小	0.9780^{***}	0.9873^{***}	1.0108^{***}	0.9746^{***}	0.9814^{***}
2	1.0135^{***}	0.9945^{***}	1.0186^{***}	1.0109^{***}	1.0052^{***}
3	1.0030^{***}	1.0418^{***}	1.0125^{***}	1.0131^{***}	1.0122^{***}
4	1.0596^{***}	1.0294^{***}	1.0371^{***}	1.0183^{***}	1.0189^{***}
大	0.9885^{***}	0.9957^{***}	0.9751^{***}	0.9623^{***}	1.0656^{***}
s					
小	0.9885^{***}	1.0301^{***}	1.1189^{***}	1.1887^{***}	1.1840^{***}
2	0.6983^{***}	0.7549^{***}	0.9388^{***}	0.9405^{***}	0.9620^{***}
3	0.5500^{***}	0.6582^{***}	0.6996^{***}	0.7101^{***}	0.6450^{***}
4	0.2459^{***}	0.3439^{***}	0.3826^{***}	0.3843^{***}	0.4222^{***}
大	-0.3164^{***}	-0.3338^{***}	-0.2894^{***}	-0.3095^{***}	-0.3829^{***}
h					
小	-0.0845	-0.1541^{**}	-0.1495	-0.1496^{***}	0.0365
2	-0.1007	-0.0493	-0.1235^{*}	0.0156	-0.2520
3	0.0569	-0.0308	-0.0389	0.0072	-0.0234
4	-0.1260	-0.1368^{**}	-0.1083^{**}	-0.0573	-0.0921
大	0.0786	-0.1504	0.1276^{**}	0.0617	-0.2030^{***}

OP	低	2	3	4	高
面板 B：五因子（$R_M - R_F$、SMB、HML、RMW、CMA）模型					
r					
小	- 0.3961 ***	- 0.2328 ***	- 0.0602	0.0632	0.2447 ***
2	- 0.5397 ***	- 0.3295 ***	0.1377 *	0.1951 **	0.4697 ***
3	- 0.4646 ***	- 0.2880 ***	0.0101	0.3201 **	0.2772 ***
4	- 0.6178 ***	- 0.1826	- 0.1233 *	0.1749 **	0.3583 ***
大	- 0.7353 ***	- 0.1285	0.0077	0.3809 ***	0.5073 ***
c					
小	0.0397	0.0600	- 0.1469	- 0.2206 ***	- 0.2515 **
2	- 0.0091	- 0.0782	0.2112 *	- 0.0439	- 0.1244
3	0.1639	0.0423	- 0.0067	0.1029	- 0.1579 **
4	- 0.1224	0.0150	- 0.1720	0.1274	- 0.2423 **
大	0.0418	0.2642	- 0.0308	0.1583	- 0.1179

从表 3 – 7 可以看出，在 25 个 $Size - Inv$ 分组组合回归得到的截距项中，Fama-French 三因子模型和 Fama-French 五因子模型在 5% 和 10% 的水平下都分别有 4 个和 5 个显著异于零，说明在解释按规模 – 投资（$Size - Inv$）分组的平均收益上，Fama-French 五因子模型与 Fama-French 三因子模型相比两者表现较为接近；市场因子和规模因子的系数也都如表 3 – 5 和表 3 – 6 中那样显著异于零；除个别值之外，投资越激进（Inv 值越高）的分组的投资因子系数越小，而且得到的 25 个系数中在 5% 的水平下有 13 个不显著异于零，在 10% 的水平下有 9 个不显著异于零，说明投资因子的引入有助于解释按规模 – 投资分组的平均收益。但此时，账面市值比因子的系数和盈利因子的系数在 5% 的水平下分别有 8 个和 6 个显著异于零，在 10% 的水平下各有 9 个显著异于零。

表 3 - 7 *Size - Inv* 分组平均收益的主要回归结果

Inv	低	2	3	4	高
面板 A：三因子（$R_M - R_F$、SMB、HML）模型					
α					
小	0.0022	0.0036***	-0.0003	0.0004	-0.0005
2	-0.0001	-0.0007	0.0001	-0.0018*	0.0011
3	-0.0033***	-0.0007	-0.0022**	0.0007	-0.0017
4	-0.0031**	-0.0018	0.0001	0.0001	-0.0001
大	-0.0003	0.0007	0.0008	0.0006	0.0015
面板 B：五因子（$R_M - R_F$、SMB、HML、RMW、CMA）模型					
α					
小	0.0035***	0.0039***	0.0003	0.0003	-0.0011
2	0.0005	-0.0002	0.0006	-0.0017*	-0.0003
3	-0.0017	0.0003	-0.0020**	-0.0003	-0.0026**
4	-0.0020	-0.0004	0.0002	-0.0002	-0.0006
大	-0.0004	-0.0006	0.0007	0.0005	0.0013
b					
小	0.9809***	0.9843***	0.9876***	0.9929***	0.9926***
2	1.0266***	1.0187***	1.0097***	0.9892***	0.9963***
3	1.0183***	0.9969***	0.9867***	1.0384***	1.0425***
4	1.0363***	1.0254***	1.0251***	1.0210***	1.0538***
大	0.9951***	1.0098***	0.9768***	1.0082***	1.0050***
s					
小	0.9973***	1.0989***	1.1593***	1.1616***	1.1235***
2	0.7719***	0.8559***	0.8538***	0.8881***	0.9225***
3	0.6294***	0.5521***	0.6725***	0.7170***	0.6845***
4	0.3397***	0.2699***	0.3586***	0.2841***	0.5285***
大	-0.3137***	-0.4145***	-0.3693***	-0.2957***	-0.2997***

Inv	低	2	3	4	高
面板 B：五因子（$R_M - R_F$、*SMB*、*HML*、*RMW*、*CMA*）模型					
h					
小	− 0.1187 **	− 0.1671 ***	− 0.0744	0.0023	− 0.1001
2	− 0.0780	− 0.0908	− 0.0706	− 0.0039	0.0366
3	0.0825 *	− 0.1479 **	− 0.0093	− 0.0117	0.0531
4	− 0.0301	− 0.1835 ***	− 0.1527 ***	− 0.1177 ***	− 0.0345
大	− 0.0124	0.0801	0.0037	− 0.1506 **	− 0.1813 **
r					
小	− 0.2056 **	− 0.0151	− 0.1272 *	− 0.0328	0.0373
2	− 0.0601	− 0.0562	− 0.0975	− 0.0465	0.2097 ***
3	− 0.2528 ***	− 0.1478 *	− 0.0296	0.1894 **	0.1161
4	− 0.1830 *	− 0.2332 ***	− 0.0178	0.0545	0.0267
大	0.0931	0.2707 ***	0.0361	− 0.0044	− 0.0553
c					
小	0.2291 *	0.2770 ***	− 0.1570 *	− 0.3938 ***	− 0.5156 ***
2	0.3434 ***	0.1949 *	0.0156	− 0.1600 *	− 0.4132 ***
3	0.2667 ***	0.1957	− 0.0024	0.0421	− 0.3480 ***
4	0.0789	0.0894	− 0.0073	− 0.0631	− 0.4797 ***
大	0.6890 ***	0.3971 ***	0.2439 ***	− 0.1843	− 0.8187 ***

3. GRS 检验和各模型的总体评价

为了对两个因子模型在拟合按规模 - 账面市值比（*Size - B/M*）、规模 - 盈利（*Size - OP*）和规模 - 投资（*Size - Inv*）分组的 5 × 5 投资组合的月度平均收益上的表现进行总体评价，本章参照 Fama 和 French（2015a）的方法分别使用 Gibbons 等（1989）提出的 GRS 检验对各模型拟合不同投资组合平均收益的效果进行检验，得到的 p 值列于表 3 - 8；同时计算两因子模型回归得到的截距项绝对值的均值

$(A\mid\alpha_i\mid)$ 及其与 $A\mid\bar{r}_i\mid$ 的比值 ($\dfrac{A\mid\alpha_i\mid}{A\mid\bar{r}_i\mid}$)，这里的 $\bar{r}_i$ 为表 3 – 1 各面板相应分组中第 i 个值与其全部值的均值之差（如研究 $Size - B/M$ 分组时，则表示面板 A 中的第 i 个值与面板 A 中全部值均值的差）；$A(R^2)$ 表示调整的拟合优度的均值。依次计算得到各指标的值同样列于表 3 – 8 中。

表 3 – 8 2 × 3 因子构造法下各模型的总体评价

	GRS（p）	$A\mid\alpha_i\mid$	$\dfrac{A\mid\alpha_i\mid}{A\mid\bar{r}_i\mid}$	$A(R^2)$
面板 A：$Size - B/M$ 组合				
三因子	0.4510	0.00110	0.0708	0.9628
五因子	0.8983	0.00095	0.0615	0.9635
面板 B：$Size - OP$ 组合				
三因子	0.0569	0.00198	0.1274	0.9566
五因子	0.4607	0.00117	0.0752	0.9636
面板 C：$Size - Inv$ 组合				
三因子	0.1890	0.00114	0.0734	0.9597
五因子	0.3543	0.00106	0.0679	0.9643

在这里，GRS 检验以回归 25 个组合月度收益时的所有截距项是否同时以零为原假设，在研究时一般使用 p = 0.05 为分界线，如果得到的 p 值大于 0.05 则接受原假设，表明模型能解释所检验组合的平均收益特征，否则不能解释。再者，p 值越大效果会越好。对于 $A\mid\alpha_i\mid$ 和 $\dfrac{A\mid\alpha_i\mid}{A\mid\bar{r}_i\mid}$ 两个指标，它们都表示平均收益中不能被模型解释的部分，值越小模型解释平均收益的效果越好。$A(R^2)$ 表示模型对回归序列变异的拟合效果，其值越大拟合效果越好。从表 3 – 8 可以看出，Fama-French 三因子模型和 Fama-French 五因子模型的 GRS

检验 p 值都大于 0.05，所以可以说它们都能够有效地拟合我国股市的平均收益特征；比较 Fama-French 五因子模型和 Fama-French 三因子模型的四个评价指标可以发现，GRS 检验的 p 值和 A（R^2）在拟合三组投资组合序列时前者得到的值都大于后者，而且 $A|\alpha_i|$ 和 $\dfrac{A|\alpha_i|}{A|\bar{r}_i|}$ 两个指标的值小于后者。因此可以说，在拟合我国股市表现出来的规模、账面市值比、盈利和投资等效应特征上，Fama-French 五因子模型优于 Fama-French 三因子模型。

4. 因子构造法不同时研究结果的稳健性

为了测度前文所得结论的稳健性，本章进一步按 Fama 和 French（2015a）曾使用的另外两种因子构建方法（2×2 因子构造法和 2×2×2×2 因子构造法）获得各因子序列，然后分别进行 GRS 检验和时间序列回归，依次计算回归截距项绝对值的均值、调整拟合优度的均值等，主要相关结果列于表 3－9 中。

表 3－9 其他两种因子构造法下各模型的总体评价

	2×2 因子构造法				2×2×2×2 因子构造法			
	GRS（p）	$A|\alpha_i|$	$\dfrac{A|\alpha_i|}{A|\bar{r}_i|}$	A（R^2）	GRS（p）	$A|\alpha_i|$	$\dfrac{A|\alpha_i|}{A|\bar{r}_i|}$	A（R^2）
面板 A：$Size－B/M$ 组合								
三因子	0.4601	0.00101	0.0651	0.9630	0.3953	0.00109	0.0706	0.9617
五因子	0.8563	0.00093	0.0602	0.9636	0.8413	0.00090	0.0580	0.9624
面板 B：$Size－OP$ 组合								
三因子	0.0787	0.00200	0.1283	0.9569	0.0759	0.00195	0.1252	0.9554
五因子	0.6528	0.00106	0.0679	0.9636	0.1993	0.00116	0.0743	0.9623
面板 C：$Size－Inv$ 组合								
三因子	0.2065	0.00115	0.0737	0.9600	0.1272	0.00117	0.0750	0.9586
五因子	0.4866	0.00105	0.0674	0.9640	0.4241	0.00099	0.0636	0.9629

　　分析表 3 − 9 可以发现，对于两种因子构造法和三个面板数据，Fama-French 五因子模型 GRS 检验的 p 值都大于 Fama-French 三因子模型，由 Fama-French 五因子模型得到的 $A\mid\alpha_i\mid$ 和 $\frac{A\mid\alpha_i\mid}{A\mid\bar{r}_i\mid}$ 的值都小于由 Fama-French 三因子模型得到的值，而由 Fama-French 五因子模型得到的 A（R^2）又都大于由 Fama-French 三因子模型得到的相应值。这些结果与前文使用 2 ×3 因子构造法得到的结论相一致，因此结论具有稳健性。也就是说，使用三种因子构造法进行的研究都表明，在拟合我国股市表现出来的规模、账面市值比、盈利和投资等效应特征上，Fama-French 五因子模型优于 Fama-French 三因子模型。

　　5. 因子模型表现的解释

　　由表 3 − 1 可以知道，我国股市平均收益中表现出了盈利效应特征和投资效应特征。因此，Fama-French 五因子模型之所以比 Fama-French 三因子模型更优越，是前者将这些呈现出的效应特征以因子的形式引入模型中所导致的。而 Fama-French 五因子模型之所以能对我国股市平均收益中存在的这些效应特征进行较好的解释，可能是因为市场、规模、账面市值比、盈利能力和投资水平是影响我国股市资产价格的主要因素。而从 Fama 和 French（2006）理性定价的角度考虑，价值投资者已经成为影响我国股市价格的重要力量。

四　实证结果再分析

　　本章所得结论与赵胜民等（2016）所得结论明显不同，这可能主要是由以下原因引起的。

　　（1）赵胜民等（2016）使用了我国 1996 年底开始施行涨跌停板制度之前的数据，而本章的研究使用的都是涨跌停板制度推出后的数据，规避了涨跌停板制度对我国股市价格形成机制可能造成的复杂影响。

（2）从赵胜民等（2016）使用1995年1月至2014年12月的月度收益数据进行的研究，可以看出他们是在 $t-1$ 年12月底构建的 5×5 流通市值加权投资组合等，而本章的研究使用的是在 t 年6月底构建的相应组合。我国证监会一般要求上市公司在每个会计年度结束之日起4个月内完成会计年度报告的编制和披露，而使用会计年度报告未公布时的数据可能影响了赵胜民等（2016）的研究结果。

从本章的实证结果可以发现，规模、账面市值比和投资三个因素与股票收益率之间的关系与 Fama 和 French（2015a）的研究相一致。但是，盈利能力因素与股票收益率之间的关系与他们的研究不一致，而且这种不一致更多地体现在流通市值较小的公司上。赵胜民等（2016）认为"这类公司的投资者不关注业绩，反而更关注小市值公司业绩不佳导致资产重组的可能性，投机性更强"。笔者认为，这种不一致既可能与具有高换手率、散户投资者占有较大比重等特征的市场因素相关，也可能与我国尚不完善的上市机制和不成熟的上市公司治理机制等因素相关。

鉴于我国股市表现出来的高换手率特征，本章为了解释我国股市中盈利效应表现出来的特征，尝试从换手率的视角对这一现象给出一种解释。这里进一步分析盈利能力与换手率之间的关系。在研究思路上，使用本章第二节研究设计中构造 5×5 投资组合的方法得到 $Size - OP$ 投资组合。与前文不同，这里构建的组合使用的是 t 年7月至 $t+1$ 年6月的月度换手率，在加权方法上不仅使用流通市值加权法，而且使用了等权重法，得到的 $Size - OP$ 投资组合对应的月度平均换手率列于表3-10中。

表 3 - 10　*Size - OP* 投资组合对应的月度平均换手率

	低	2	3	4	高
面板 A：流通市值加权法					
小	0.5697	0.5642	0.5508	0.5603	0.5406
2	0.4877	0.4869	0.4656	0.4509	0.4376
3	0.4459	0.4279	0.4222	0.4034	0.3902
4	0.4001	0.3820	0.3702	0.3623	0.3329
大	0.2904	0.2792	0.2428	0.2295	0.2488
面板 B：等权重法					
小	0.5851	0.5753	0.5659	0.5773	0.5516
2	0.4894	0.4879	0.4666	0.4528	0.4400
3	0.4459	0.4281	0.4248	0.4063	0.3912
4	0.4023	0.3851	0.3729	0.3635	0.3348
大	0.3159	0.3048	0.2867	0.2814	0.2833

从表 3 - 10 可以看出，一方面，无论是在流通市值加权法下还是在等权重法下，规模小的投资组合相比规模大的投资组合都具有更高的换手率。这表明，规模小的股票交易较为活跃，在我国股市里投机性更强。因此，我国股市里表现出显著的规模效应特征，也可能与规模小和规模大的股票所表现出的投机性差异相关。另一方面，无论是在流通市值加权法下还是在等权重法下，盈利能力弱的投资组合相比盈利能力强的投资组合在大部分情况下均具有更高的平均换手率，之所以出现这一情况，可能是因为持有盈利能力强的股票的投资者在买入股票后更不轻易抛出，而市场的投机者过度投机盈利能力较弱的股票。因此，规模小组中盈利能力较弱的股票之所以会获得较高的收益率，一个主要原因可能是盈利能力较弱的股票具有较高的投机价值且规模小的股票更容易受投机性的影响。

五 本章小结

本章选取 1997 年 7 月至 2015 年 6 月我国股市的数据为样本，综合运用 Fama-MacBeth 回归法和构建投资组合模拟因子法，研究了上市公司的规模、账面市值比（B/M）、盈利和投资因素在资产定价中的作用，得出以下结论。

（1）在解释个股横截面收益差异上，规模因素具有较高的显著性，而 B/M、盈利和投资三个因素并不具有较高的显著性，且它们的显著性依次降低。再者，B/M 因素的影响在规模较大的上市公司分组里更显著，盈利和投资因素则在规模较小的上市公司分组里更显著。

（2）我国股市的平均收益不仅呈现出与规模、B/M 相关的效应特征，而且呈现出与盈利、投资相关的效应特征。其中，规模效应表现为规模越大的公司的股票收益越低；B/M 效应特征表现为 B/M 越高的公司的股票收益越高，但存在翘尾现象；盈利效应的主要特征表现为盈利能力越强的公司的股票收益越低，但规模较大的公司则表现为盈利能力越强的公司的股票收益越高；投资效应的主要特征表现为投资越保守的公司的股票收益越高。

（3）与美国股市不同，我国股市里的账面市值比因子不是"冗余因子"，不能完全由市场因子、规模因子、盈利因子和投资因子解释。

（4）在解释我国股市月度平均收益中存在的与规模、B/M、盈利和投资相关的效应特征上，Fama-French 五因子模型和 Fama-French 三因子模型都可以较好地对这些特征进行解释。但是，在表现上 Fama-French 五因子模型要优于 Fama-French 三因子模型。

（5）我国上市公司的规模、盈利能力与其次年的换手率呈现负相关关系，这可能是我国股市平均收益表现出规模效应特征和盈利效应特征的一个主要原因。

第四章　　五因子资产定价模型
在牛熊市状态下的表现研究

在对 Fama-French 三因子模型的表现进行研究时，近期的研究者不仅以一个较长时期的整体为样本开展了研究，而且对模型在牛熊市、上涨和下跌时期的表现进行了讨论，得出了一些有意义的结论。其中，田利辉等（2014）对 Fama-French 三因子模型在牛熊市两个阶段的表现进行了研究。研究发现，在 25 个投资组合中，规模因子在牛市和熊市几乎都显著，而账面市值比因子在牛市中有超过 1/2 显著，但在熊市仅有 7 个显著。李倩和梅婷（2015）将样本分成上涨和下跌时期，对 Fama-French 三因子模型的表现进行了类似的研究。研究发现，规模因素在两个阶段都显著，而账面市值比因素只在上涨时期显著。可见因子模型的表现可能会在牛熊市等不同的市场状态下呈现不同特征。这里，本章通过将样本分成牛熊市样本，进一步研究 Fama-French 五因子模型在两个市场状态下的表现差异。

一 牛熊市状态的划分

现有的牛熊市划分方法大致可以归为两类，即市场平均收益判定法和波峰波谷判定法（许年行等，2012）。相比而言，波峰波谷判定法在选择波峰和波谷上更为主观，而市场平均收益判定法通常能对一个时期属于牛市还是属于熊市做出一个确定的判断。在市场平均收益判定法中，Lindahl - Stevens（1980）提出了一种以市场平均收益是否超过无风险收益作为判断牛熊市标准的方法。这一方法在许年行等（2012）分析近期的市场热点问题——股价崩溃风险时得到了应用。本章借鉴这一方法将整个样本期划分成牛市样本和熊市样本。具体来说，每半年计算一次流通市值加权的市场收益与无风险收益的差值，也即市场超额收益（$R_M - R_F$）的值，得到整个样本内各期市场平均超额收益值，如表 4 - 1 所示。从表 4 - 1 可以看出，半年期市场平均超额收益中大于零的有 19 个，小于零的有 17 个。因此，可以分别得到 114 个牛市样本和 102 个熊市样本。

表 4 - 1　样本内半年度市场平均超额收益计算结果

时间	均值	时间	均值	时间	均值	时间	均值
1997 年下	- 0.0127	2002 年上	0.0123	2006 年下	0.0435	2011 年上	- 0.0029
1998 年上	0.0214	2002 年下	- 0.0432	2007 年上	0.1303	2011 年下	- 0.0442
1998 年下	- 0.0262	2003 年上	0.0065	2007 年下	0.0678	2012 年上	0.0050
1999 年上	0.0727	2003 年下	- 0.0163	2008 年上	- 0.0925	2012 年下	- 0.0014
1999 年下	- 0.0373	2004 年上	- 0.0073	2008 年下	- 0.0490	2013 年上	- 0.0196
2000 年上	0.0700	2004 年下	- 0.0166	2009 年上	0.1037	2013 年下	0.0163
2000 年下	0.0099	2005 年上	- 0.0303	2009 年下	0.0417	2014 年上	- 0.0025
2001 年上	0.0036	2005 年下	0.0119	2010 年上	- 0.0438	2014 年下	0.0639
2001 年下	- 0.0478	2006 年上	0.0834	2010 年下	0.0459	2015 年上	0.0686

注：上和下分别表示相应年度的上半年和下半年。

二　牛熊市状态下的平均收益特征

在这一节里，首先分析在牛熊市状态下所表现出来的与规模、账面市值比、盈利和投资因素相关的效应特征。这里仍然延续使用第三章里的方法，通过对牛熊市样本分别进行股票分组得到 5×5 投资组合，然后计算得到两个样本不同投资组合的月度平均超额收益的平均值，并分别列于表4-2和表4-3中。

从表4-2可以看出，在三个面板 A、B、C 的数据里，除个别列之外，规模（Size）较小的分组的平均收益依次高于规模相对较大的分组的平均收益，而且三个面板各行数据的平均值也随着规模的增大逐渐变小，表明在我国股市的牛市状态下仍然存在明显的规模效应特征。从面板 A 各行的数据可以看出，第3行和第4行的值越向右其值越大（除第3行的最右端和第4行的最左端之外），而且各列的平均值除最右边的值之外其值依次变大，也就是说 B/M 值越高月度收益的平均值越大，表明在我国股市的牛市状态下仍然存在明显的账面市值比效应特征，但也表现出了翘尾现象。从面板 B 的各行可以看出，规模最小、第3小、第4小和规模最大的行都存在较为明显的由4个或5个值构成的渐变特征，而且它们都表现为越向右其值越小。也就是说，盈利能力越强月度平均收益越低，而各列的平均值进一步证实了这一特征的存在。不过，与第三章全样本下的表现不同，这一特征没有在规模大组和规模小组中呈现出差异来。从面板 C 各行可以看出，在规模最小、第2小和第4小的行均存在由4个值构成的特征，而且它们都是越向右其值越小。也就是说，在牛市状态下投资越激进的组合，其月度平均收益值越小，另外各列的平均值从左至右依次变小，也证明了这一特征的存在。对比牛市状态下的这些平均收益特征与第三章全样本情况下的表现可以发现，它们表现出的主要效应特征是相似的。

表4-2 牛市样本5×5投资组合月度平均超额收益

单位：%

	低	2	3	4	高	均值
面板 A：*Size - B/M* 组合						
均值	**4.8970**	**5.1613**	**5.2507**	**5.3978**	5.2744	—
小	5.3312	5.9390	5.8117	6.2001	5.7906	5.8145
2	5.4078	5.5058	5.5045	5.7701	5.5553	5.5487
3	**4.6098**	**5.2312**	**5.3105**	**5.5966**	5.5306	5.2557
4	4.8592	**4.7852**	**5.2100**	**5.2245**	**5.2486**	5.0655
大	4.2772	4.3451	4.4166	4.1979	4.2467	4.2967
面板 B：*Size - OP* 组合						
均值	**5.5750**	**5.2162**	**5.1466**	**5.0987**	**4.9949**	—
小	**6.3298**	**5.9404**	**5.7361**	5.7954	**5.4137**	5.8431
2	5.9230	5.5060	5.5401	5.5592	5.2826	5.5622
3	**5.5318**	**5.3132**	5.1814	**5.2866**	**5.0276**	5.2681
4	**5.4399**	**5.0570**	**5.0400**	**4.9465**	**4.8320**	5.0631
大	**4.6502**	**4.2643**	**4.2353**	**3.9056**	4.4184	4.2948
面板 C：*Size - Inv* 组合						
均值	**5.4437**	**5.3616**	**5.1904**	**5.1238**	**4.8957**	—
小	6.2089	**6.3037**	**5.8533**	**5.5503**	**5.2147**	5.8262
2	**5.8865**	5.7106	**5.7722**	**5.2249**	**5.1806**	5.5550
3	5.4390	5.4559	5.0166	5.5223	4.8982	5.2664
4	5.1124	**5.1888**	**5.0494**	**4.9890**	**4.9748**	5.0629
大	4.5719	4.1491	4.2603	4.3324	4.2102	4.3048

注：为了更方便地发现数据间的规律性特征，不仅计算了各行和各列的平均值，而且对其中由4（或5）个行数据表现出渐变特征的数据进行了加粗。表4-3也进行了类似处理。

从表 4-3 可以看出，在三个面板 A、B、C 的数据里，除个别列之外，规模（*Size*）较小的分组的平均收益依次高于规模相对较大的分组的平均收益，而且三个面板各行数据的平均值也随着规模的增大逐渐变小，表明在我国股市的熊市状态下存在明显的规模效应特征。从面板 A 各行的数据可以看出，规模最小的行和第 4 小的行及规模最大的行都表现出了由 4 个值构成的渐变特征，而且除规模最大的行外，其他两行表现的都是账面市值比越高的投资组合，其平均收益越低，进一步观察各列的平均值也发现了同样的特征。因此，在我国股市的熊市状态下存在明显的账面市值比效应特征，不过这一特征的表现是账面市值比越高，其平均收益会越低。从面板 B 的各行数据可以看出，规模第 2 小、第 4 小和规模最大的行都存在较为明显的由 4 个值构成的渐变特征，而且都表现为越向右其值越大，这与各列的均值表现出的特征是一致的，即在我国股市的熊市状态下存在明显的盈利效应特征，而且这一特征表现为盈利能力强的上市公司的组合越可能获得更高的平均收益。从面板 C 的各行数据可以看出，在规模第 2 小、第 3 小、第 4 小的行和各列的均值中都存在由 4 个值构成的渐变特征，而且它们都表现为越向右其值越大，因此在我国股市的熊市状态下存在明显的与投资相关的效应特征，而且这一特征表现为投资越激进的上市公司组合越可能获得更高的平均收益。

对比牛熊市状态下的效应特征可以发现，除规模因素的效应特征在两个市场状态下表现相同外，账面市值比、盈利和投资因素的效应特征在两个市场状态下的表现是相反的。通过与第三章全样本下得到的效应特征进行对比可以发现，全样本下的效应特征主要反映的是牛市状态下的表现。

表 4 - 3　熊市样本 5 × 5 投资组合月度平均超额收益

单位：%

	低	2	3	4	高	均值
面板 A：*Size - B/M* 组合						
均值	− 2.5165	**− 2.4854**	− 2.4952	− 2.5696	− 2.5973	—
小	− 1.8562	**− 1.5794**	**− 1.7861**	**− 2.0591**	**− 2.1250**	− 1.8811
2	− 2.3358	− 2.3366	− 2.0908	− 2.1861	− 2.5151	− 2.2929
3	− 2.6409	− 2.3867	− 2.4676	− 2.6304	− 2.5911	− 2.5434
4	**− 2.5458**	**− 2.6711**	**− 2.8482**	**− 2.9516**	− 2.9004	− 2.7834
大	− 3.2037	**− 3.4531**	**− 3.2833**	**− 3.0206**	− 2.8550	− 3.1631
面板 B：*Size - OP* 组合						
均值	**− 2.7818**	− 2.6286	**− 2.4420**	− 2.3154	− 2.4349	—
小	− 1.8018	− 1.9342	− 1.8860	− 1.8215	− 1.9271	− 1.8741
2	**− 2.6351**	**− 2.3085**	− 2.0891	**− 2.2347**	**− 2.1967**	− 2.2928
3	− 2.6171	− 2.7418	− 2.3721	− 2.5612	− 2.3985	− 2.5382
4	**− 3.3992**	**− 2.9119**	**− 2.7878**	− 2.3416	− 2.5018	− 2.7884
大	**− 3.4556**	**− 3.2465**	**− 3.0752**	− 2.6181	− 3.1506	− 3.1092
面板 C：*Size - Inv* 组合						
均值	**− 2.6473**	− 2.5282	− 2.4932	− 2.4818	− 2.4640	—
小	− 1.8757	− 1.7503	− 2.0210	− 1.8012	− 1.9272	− 1.8751
2	**− 2.4559**	**− 2.3467**	**− 2.3341**	− 2.2709	**− 2.0827**	− 2.2980
3	**− 2.6317**	**− 2.5830**	− 2.4697	**− 2.5215**	− 2.5138	− 2.5439
4	**− 3.0167**	**− 2.9560**	− 2.6013	**− 2.8236**	− 2.5373	− 2.7870
大	− 3.2565	− 3.0050	− 3.0400	− 2.9919	− 3.2590	− 3.1105

三　实证研究

（一）牛熊市因子的描述性统计特征

表 4 - 4 描述了使用 2 × 3 组合的方法分别对牛熊市样本构造 Fama-French 五因子模型得到的各因子的主要统计量。首先，从中可以看出，我国股市市场超额收益（$R_M - R_F$）在牛熊市样本里的均值分别为 0.0465 和 - 0.0290，而且它们都在 1% 的水平下显著异于零。比较两个值的绝对值可以发现，牛市样本均值的绝对值要大于熊市，也可以说在对整个样本的贡献上牛市的作用更大一些，这也可以部分解释本章第一节中牛市状态下的股市效应特征与全样本时的股市效应特征更为接近的原因。其次，在两个市场状态下规模因子（SMB）的均值都是在 5% 的水平下显著异于零的正值，而账面市值比因子（HML）和盈利因子（RMW）的均值在两个市场状态下都不显著异于零，但投资因子（CMA）在牛市状态下是在 5% 的水平下显著异于零的正值。

表 4 - 4　牛熊市因子的描述性统计表现

	$R_M - R_F$	SMB	HML	RMW	CMA
牛市样本：					
均值	0.0465 ***	0.0103 **	0.0020	- 0.0059	0.0053 **
t 统计量	5.8179	2.3451	0.5559	- 1.6455	2.3585
熊市样本：					
均值	- 0.0290 ***	0.0078 **	0.0013	0.0031	- 0.0009
t 统计量	- 4.0653	2.4508	0.4892	1.1023	- 0.5059

注：* 表示在 10% 的水平下显著，** 表示在 5% 的水平下显著，*** 表示在 1% 的水平下显著，这些同样适用于本章其他表。

为了检验在牛熊市状态下的五因子模型里是否存在"冗余因子"，本章进一步借鉴 Fama 和 French（2015a）的方法，使用其余四个因子对第五个因子进行回归，将得到的截距项及其显著性列于表 4 - 5 中。同样，考虑到所得结果的稳健性，本章也将在 2 × 2 组合因子构造法和 2×2×2×2 组合因子构造法下得到的结果列于表 4-5 中以供分析。

从表 4-5 可以看出，在三个投资组合因子构造法且研究样本为熊市样本时，使用其他四个因子对投资因子 *CMA* 回归得到的截距项在 10% 的水平下都不显著异于零，表明在我国股市里投资因子 *CMA* 在熊市样本里是"冗余因子"。也就是说，在牛市状态下不存在"冗余因子"，而在熊市状态下投资因子是"冗余因子"。

表 4-5　牛熊市中用其余四个因子对第五个因子回归得到的截距项及其显著性

	$R_M - R_F$	SMB	HML	RMW	CMA
牛市样本：					
2×3 组合	0.0483***	0.0124***	0.0079**	0.0074***	0.0031*
2×2 组合	0.0467***	0.0119***	0.0041*	0.0053***	0.0024**
2×2×2×2 组合	0.0454***	0.0115***	0.0053*	0.0058***	0.0013
熊市样本：					
2×3 组合	-0.0285***	0.0111***	0.0053**	0.0025	-0.0005
2×2 组合	-0.0289***	0.0113***	0.0034**	0.0027*	-0.0001
2×2×2×2 组合	-0.0277***	0.0098***	0.0021	0.0023*	0.0002

（二）牛熊市状态下五因子资产定价模型的回归结果

对由牛熊市样本分别按规模-账面市值比（*Size-B/M*）、规模-盈利（*Size-OP*）和规模-投资（*Size-Inv*）分组得到的 5×5 投资组合的月度平均收益序列，使用 Fama-French 五因子模型进行回归，得到的回归结果依次列于表 4-6 至表 4-11。[①] 同时，为了检验 Fa-

---

① 考虑到需要对五因子模型在牛熊市条件下的表现进行比较，这里并不按 Fama 和 French（2015a）的方法对熊市样本下的投资因子进行"冗余因子"处理。

ma-French 五因子模型在回归时是否存在多重共线性，本书仍然使用方差膨胀因子 VIF 来进行判断，发现所有变量的 VIF 值都小于 6。因此，可以说在以牛熊市为样本进行的研究中，Fama-French 五因子模型都不存在严重的多重共线性问题。

1. 对 $Size - B/M$ 组合回归的结果

从表 4 - 6 和表 4 - 7 可以看出，在 25 个 $Size - B/M$ 分组组合回归得到的截距项中，在牛市样本中有 6 个在 10% 的水平下显著异于零，而在熊市样本中都不显著异于零，说明在解释按规模 - 账面市值比（$Size - B/M$）分组的平均收益上，Fama-French 五因子模型在熊市状态下表现得更好；在两个样本中，市场因子和规模因子的系数都在 10% 的水平下显著异于零，而且规模因子的系数基本上都是随着规模的扩大，其值逐渐变小；账面市值比因子的系数基本都是随着账面市值比的变大，其值也逐渐变大，而且这 25 个系数中在牛市样本和熊市样本下分别有 17 个和 16 个在 10% 的水平下显著异于零，说明账面市值比因子在拟合两个样本时都有显著贡献。但是，盈利因子的系数在牛市样本和熊市样本下各有 6 个在 10% 的水平下显著异于零，投资因子的系数在牛市样本和熊市样本下分别有 8 个和 1 个在 10% 的水平下显著异于零。

表 4 - 6　牛市条件下 $Size - B/M$ 分组平均收益的主要回归结果

B/M	低	2	3	4	高
α					
小	- 0. 0012	0. 0023	0. 0005	0. 0048 **	0. 0016
2	0. 0010	- 0. 0002	- 0. 0030 *	- 0. 0005	0. 0006
3	- 0. 0043 ***	- 0. 0040 **	0. 0007	0. 0003	- 0. 0001
4	- 0. 0019	- 0. 0035 *	- 0. 0013	- 0. 0018	0. 0003
大	0. 0032	- 0. 0009	0. 0013	- 0. 0039 *	0. 0004

B/M	低	2	3	4	高
			b		
小	0.9612***	0.9981***	0.9789***	0.9927***	0.9727***
2	0.9880***	1.0156***	1.0388***	1.0469***	0.9870***
3	0.9623***	1.0589***	0.9835***	1.0028***	1.0269***
4	1.0036***	1.0121***	1.0820***	1.0869***	1.0313***
大	0.9581***	1.0521***	1.0056***	1.0294***	0.9743***
			s		
小	1.0001***	1.1151***	1.2448***	1.0426***	1.0074***
2	0.7307***	0.8083***	0.9685***	0.9851***	0.7781***
3	0.6007***	0.7825***	0.7944***	0.7226***	0.6102***
4	0.4705***	0.6135***	0.3765***	0.2800	0.2639***
大	−0.3921***	−0.2014*	−0.3625***	−0.2863***	−0.3019***
			h		
小	−0.3643***	−0.1177	−0.0080	−0.0007	0.0781
2	−0.4834***	−0.2688***	0.0032	0.2010***	0.2247***
3	−0.3480***	−0.1595	0.0873	0.1463**	0.4233***
4	−0.5610***	−0.1476**	−0.2252**	0.0973	0.4591***
大	−1.1075***	−0.3612***	−0.1444**	0.4162***	0.7719***
			r		
小	0.0437	−0.1991*	−0.1148	−0.1743*	−0.3081**
2	−0.0756	−0.0029	0.0689	0.0232	−0.1683**
3	−0.1975	0.2482*	0.1856	−0.0477	−0.1097
4	0.0401	0.0381	0.1573	−0.1887	−0.0814
大	0.0584	−0.0129	−0.0032	−0.1726	0.2885**

续表

B/M	低	2	3	4	高
			c		
小	0.0871	− 0.3375 *	− 0.2622 **	− 0.1482	− 0.3276 ***
2	0.0312	0.0390	0.0241	− 0.1654 *	− 0.0819
3	− 0.1972	0.1446	− 0.1107	0.1953	0.0081
4	0.0688	− 0.2938 *	0.1102	− 0.1277	− 0.0169
大	0.3653 **	− 0.3596 *	− 0.0002	− 0.2826 **	0.0940

表 4 - 7 熊市条件下 $Size - B/M$ 分组平均收益的主要回归结果

B/M	低	2	3	4	高
			α		
小	0.0033	0.0025	0.0011	0.0012	− 0.0010
2	− 0.0008	− 0.0008	− 0.0015	0.0015	− 0.0021
3	0.0000	0.0021	0.0025	− 0.0006	0.0020
4	− 0.0003	0.0015	0.0010	− 0.0011	− 0.0009
大	0.0008	− 0.0007	0.0004	− 0.0002	0.0026
			b		
小	1.0141 ***	0.9923 ***	0.9951 ***	1.0151 ***	0.9565 ***
2	1.0016 ***	1.0130 ***	0.9636 ***	1.0359 ***	0.9699 ***
3	1.0420 ***	1.0909 ***	1.0442 ***	1.0568 ***	1.0477 ***
4	0.9533 ***	1.0603 ***	1.0725 ***	1.0339 ***	1.0242 ***
大	0.9735 ***	1.0224 ***	1.0492 ***	1.0318 ***	0.9855 ***
			s		
小	1.0431 ***	1.2757 ***	1.2613 ***	1.0071 ***	1.0022 ***
2	0.8608 ***	0.9036 ***	1.0154 ***	0.8476 ***	0.7053 ***
3	0.5882 ***	0.7159 ***	0.4864 ***	0.6246 ***	0.3757 ***
4	0.4284 ***	0.4218 ***	0.2695 ***	0.2715 ***	0.1797 *
大	− 0.3869 ***	− 0.4298 ***	− 0.3290 ***	− 0.1576 **	− 0.3605 ***

续表

B/M	低	2	3	4	高
			h		
小	− 0. 4554***	− 0. 3519***	− 0. 1343*	0. 0401	0. 2107***
2	− 0. 3726***	− 0. 0526	0. 0369	0. 0516	0. 3375***
3	− 0. 4161***	− 0. 2402***	− 0. 0478	0. 0144	0. 2698***
4	− 0. 6081***	− 0. 2231***	− 0. 1710	0. 0140	0. 2453**
大	− 0. 9399***	− 0. 5203***	− 0. 0835	0. 4839***	0. 6832***
			r		
小	− 0. 0084	0. 2881**	0. 0883	0. 0148	− 0. 2064**
2	0. 0992	− 0. 0033	0. 1508	0. 0707	− 0. 2728**
3	− 0. 0706	0. 2219***	− 0. 2058	0. 1156	− 0. 2079*
4	− 0. 0633	− 0. 2183	− 0. 0985	− 0. 1731	− 0. 0490
大	− 0. 0712	− 0. 0658	0. 0429	0. 2929**	0. 1244
			c		
小	− 0. 0923	− 0. 0881	0. 0076	0. 3316	− 0. 0213
2	0. 0042	0. 1058	− 0. 1540	0. 1675	− 0. 1697
3	0. 0052	0. 3331***	− 0. 0470	0. 2537	0. 1417
4	− 0. 1676	− 0. 2510	− 0. 0849	0. 0174	− 0. 0670
大	0. 1905	− 0. 1031	0. 2087	− 0. 1086	0. 1312

2. 对 $Size - OP$ 组合回归的结果

从表 4 – 8 和表 4 – 9 可以看出，在 25 个 $Size - OP$ 分组组合回归得到的截距项中，在牛市样本中有 5 个在 10% 的水平下显著异于零，而在熊市样本中有 4 个在 10% 的水平下显著异于零，说明在解释按规模 – 盈利（$Size - OP$）分组的平均收益上，Fama-French 五因子模型在熊市状态下表现得更好；在两个样本中，市场因子和规模因子的系数也都如表 4 – 6 和表 4 – 7 里那样都在 10% 的水平下显著异于零，而且规模因子的系数基本上都是随着规模的增大，其值逐渐变小；盈利因子系数也基本都是盈利越高其值越大，而且这 25 个系数中在牛市样本和熊市样本下分别有 9 个和 8 个在 10% 的水平下不显著异于零，说明盈利因子的引入有助于解释按规模－盈利分组的平均收益。但此时，账面市值比因子的系数在牛市样本和熊市样本下分别有 7 个和 9 个在 10% 的水平下显著异于零，投资因子的系数在牛市样本和熊市样本下分别有 3 个和 8 个在 10% 的水平下显著异于零。

表 4 – 8　牛市条件下 *Size – OP* 分组平均收益的主要回归结果

OP	低	2	3	4	高
			α		
小	0. 0072***	0. 0008	– 0. 0005	0. 0027*	– 0. 0014
2	0. 0015	– 0. 0011	– 0. 0028*	0. 0007	– 0. 0002
3	– 0. 0004	– 0. 0043*	– 0. 0016	0. 0006	– 0. 0014
4	– 0. 0017	– 0. 0019	– 0. 0022	– 0. 0020	0. 0001
大	– 0. 0011	– 0. 0019	– 0. 0001	– 0. 0018	0. 0040*
			b		
小	0. 9440***	1. 0101***	1. 0275***	0. 9575***	0. 9731***
2	1. 0232***	1. 0141***	1. 0502***	1. 0009***	0. 9875***
3	0. 9916***	1. 0413***	1. 0003***	0. 9897***	1. 0065***
4	1. 0792***	1. 0300***	1. 0439***	1. 0300***	1. 0292***
大	0. 9831***	1. 0014***	0. 9888***	0. 9700***	1. 0498***
			s		
小	0. 9412***	1. 0401***	1. 0516***	1. 1832***	1. 1799***
2	0. 7392***	0. 7053***	0. 8875***	0. 9645***	0. 9675***
3	0. 6016***	0. 7061***	0. 6989***	0. 7623***	0. 7318***
4	0. 3406***	0. 4221***	0. 4103***	0. 3779***	0. 4301***
大	– 0. 2773***	– 0. 3704***	– 0. 2867***	– 0. 2617***	– 0. 4560***

续表

OP	低	2	3	4	高
			h		
小	− 0. 1125	− 0. 2003 **	− 0. 1699	− 0. 0927 *	0. 1031
2	− 0. 0817	− 0. 1342 *	− 0. 2143 ***	0. 0506	0. 0671
3	0. 0891	− 0. 0011	0. 0064	0. 0836	− 0. 0051
4	− 0. 0909	− 0. 0913	− 0. 0744	− 0. 0439	− 0. 0436
大	0. 1306 *	− 0. 2007	0. 2029 ***	0. 0423	− 0. 3170 ***
			r		
小	− 0. 4031 ***	− 0. 3044 **	− 0. 1941	− 0. 0021	0. 1631 *
2	− 0. 4734 ***	− 0. 3366 ***	0. 0614	0. 1062	0. 4496 ***
3	− 0. 4306 ***	− 0. 2713 **	− 0. 0478	0. 3871 *	0. 3937 ***
4	− 0. 4290 ***	− 0. 0519	− 0. 1463	0. 2305 *	0. 3151 **
大	− 0. 7586 ***	− 0. 1374	0. 0064	0. 3816 ***	0. 4558 ***
			c		
小	0. 0642	− 0. 0963	− 0. 2962	− 0. 2526 **	− 0. 3166 *
2	− 0. 0284	0. 0065	0. 1870	− 0. 2104	− 0. 1193
3	0. 1316	0. 0265	− 0. 1093	0. 0869	− 0. 0898
4	0. 0112	0. 0274	− 0. 1746	0. 2230	− 0. 3312 **
大	0. 0111	0. 2685	− 0. 1259	0. 1338	− 0. 0953

表 4 − 9　熊市条件下 *Size − OP* 分组平均收益的主要回归结果

OP	低	2	3	4	高
			α		
小	0. 0046 *	0. 0019	0. 0004	0. 0011	− 0. 0003
2	− 0. 0009	− 0. 0013	− 0. 0009	0. 0003	− 0. 0010
3	0. 0025	0. 0007	0. 0019	− 0. 0007	0. 0016
4	− 0. 0034 **	0. 0008	0. 0002	0. 0028 *	− 0. 0001
大	0. 0002	− 0. 0006	− 0. 0013	0. 0050 ***	− 0. 0001

续表

OP	低	2	3	4	高
			b		
小	1.0096***	0.9751***	0.9994***	0.9874***	1.0030***
2	0.9891***	0.9526***	0.9808***	1.0380***	1.0250***
3	1.0480***	1.0806***	1.0638***	1.0468***	1.0426***
4	1.0150***	1.0560***	1.0403***	1.0245***	1.0092***
大	1.0067***	0.9956***	0.9563***	1.0021***	1.0554***
			s		
小	1.0464***	1.0060***	1.2317***	1.1619***	1.1501***
2	0.6785***	0.8488***	1.0211***	0.8584***	0.9178***
3	0.4454***	0.5528***	0.6712***	0.6339***	0.4946***
4	0.1638**	0.2542***	0.3122***	0.4206***	0.4184***
大	-0.4139***	-0.2657***	-0.2336***	-0.4349***	-0.2745**
			h		
小	-0.0421	-0.0367	-0.1555	-0.3360***	-0.1077
2	-0.0729	0.1339*	0.0549	-0.0897	-0.0178
3	0.0041	-0.0975	-0.1800***	-0.1270*	0.0008
4	-0.0842	-0.1514**	-0.2113**	-0.0858	-0.1785**
大	-0.0697	-0.0329	0.0059	0.1290**	-0.1830*
			r		
小	-0.4314***	-0.1584	0.1297	0.1962*	0.4090***
2	-0.6295***	-0.3930***	0.1846*	0.3522***	0.5048***
3	-0.4726***	-0.2601**	0.1540	0.2794***	0.1338
4	-0.8688***	-0.3164***	-0.0472	0.1353	0.4596***
大	-0.6493***	-0.1520	0.0732	0.3922***	0.5100***

OP	低	2	3	4	高
			c		
小	0.0528	0.2398	0.0894	−0.1316	−0.0931
2	−0.0251	−0.3113**	0.1512	0.2498***	−0.1061
3	0.2953**	0.1422	0.2811*	0.2128*	−0.2325**
4	−0.4160***	0.0643	−0.1584	0.0389	−0.1005
大	0.1253	0.2545	0.1461	0.2348*	−0.1877

3. 对 $Size - Inv$ 组合回归的结果

从表 4 - 10 和表 4 - 11 可以看出，在 25 个 $Size - Inv$ 分组组合回归得到的截距项中，在牛市样本中有 6 个在 10% 的水平下显著异于零，而在熊市样本中仅有 1 个在 10% 的水平下显著异于零，说明在解释按规模 - 投资（$Size - Inv$）分组的平均收益上，Fama-French 五因子模型在熊市状态下表现得更好；在两个样本中，市场因子和规模因子的系数也都如表 4 - 6 和表 4 - 7 里那样都在 10% 的水平下显著异于零，而且规模因子的系数基本上都是随着规模的增大，其值逐渐变小；对于投资因子来说，大部分都是投资越激进（Inv 值越高）其系数值越小，而且这 25 个系数中在牛市样本和熊市样本下分别有 14 个和 12 个在 10% 的水平下显著异于零，说明投资因子的引入有助于解释按规模 - 投资分组的平均收益。但此时，账面市值比因子的系数在牛市样本和熊市样本下分别有 9 个和 8 个在 10% 的水平下显著异于零，盈利因子的系数在牛市样本和熊市样本下分别有 4 个和 6 个在 10% 的水平下显著异于零。

表 4 - 10　牛市条件下 *Size - Inv* 分组平均收益的主要回归结果

Inv	低	2	3	4	高
			α		
小	0. 0048 **	0. 0056 ***	0. 0003	0. 0000	- 0. 0025
2	- 0. 0001	- 0. 0007	0. 0014	- 0. 0024	- 0. 0001
3	- 0. 0041 **	0. 0025	- 0. 0025	0. 0005	- 0. 0036 *
4	- 0. 0033 *	- 0. 0004	- 0. 0015	0. 0012	- 0. 0038 *
大	0. 0013	- 0. 0022	- 0. 0007	0. 0008	0. 0026
			b		
小	0. 9745 ***	0. 9606 ***	1. 0063 ***	0. 9826 ***	0. 9939 ***
2	1. 0537 ***	1. 0301 ***	1. 0207 ***	0. 9962 ***	0. 9743 ***
3	1. 0257 ***	0. 9713 ***	0. 9828 ***	1. 0317 ***	1. 0209 ***
4	1. 0488 ***	1. 0263 ***	1. 0428 ***	1. 0042 ***	1. 0901 ***
大	0. 9779 ***	1. 0036 ***	1. 0019 ***	0. 9772 ***	1. 0235 ***
			s		
小	0. 9616 ***	1. 0405 ***	1. 1797 ***	1. 1470 ***	1. 0948 ***
2	0. 8169 ***	0. 8505 ***	0. 8189 ***	0. 8509 ***	0. 9245 ***
3	0. 7633 ***	0. 5541 ***	0. 6959 ***	0. 7890 ***	0. 6993 ***
4	0. 4467 ***	0. 3002 ***	0. 3588 ***	0. 3031 ***	0. 5806 ***
大	- 0. 3130 ***	- 0. 5188 ***	- 0. 3225 ***	- 0. 2408 ***	- 0. 3111 **
			h		
小	- 0. 1495 **	- 0. 1678 **	- 0. 1152	0. 0172	- 0. 0241
2	- 0. 0582	- 0. 1231	- 0. 1324 **	- 0. 0536	0. 0572
3	0. 1699 **	- 0. 1304 *	0. 0072	0. 0136	0. 1078
4	0. 0297	- 0. 1889 *	- 0. 1177 *	- 0. 0478	- 0. 0181
大	0. 0275	0. 0192	0. 0582	- 0. 1397 **	- 0. 2548 **

Inv	低	2	3	4	高
			r		
小	− 0. 2759 **	− 0. 1204	− 0. 2026 *	− 0. 0990	− 0. 0248
2	0. 0097	− 0. 1287	− 0. 1463	− 0. 1400	0. 2279 **
3	− 0. 0813	− 0. 1858	− 0. 0571	0. 2764 *	0. 1133
4	− 0. 0062	− 0. 1389	0. 0121	0. 0800	0. 0190
大	0. 1122	0. 1405	0. 0810	0. 0439	− 0. 1213
			c		
小	0. 1274	0. 3202 **	− 0. 3177 ***	− 0. 4994 ***	− 0. 5753 ***
2	0. 3218 ***	0. 1199	− 0. 0330	− 0. 2238 *	− 0. 3281 ***
3	0. 3913 ***	0. 0578	− 0. 1050	0. 0350	− 0. 3202 **
4	0. 1788	0. 2038	0. 0312	− 0. 1037	− 0. 5455 ***
大	0. 6198 ***	0. 3441 *	0. 2531 **	− 0. 0774	− 0. 9756 ***

表 4 − 11   熊市条件下 *Size − Inv* 分组平均收益的主要回归结果

Inv	低	2	3	4	高
			α		
小	0. 0025	0. 0025	− 0. 0006	0. 0027	0. 0007
2	− 0. 0011	− 0. 0006	− 0. 0021	− 0. 0016	0. 0015
3	0. 0022	0. 0013	0. 0004	0. 0005	0. 0017
4	− 0. 0006	− 0. 0007	0. 0004	0. 0002	0. 0009
大	− 0. 0001	0. 0019	0. 0000	0. 0040 ***	− 0. 0022
			b		
小	0. 9825 ***	0. 9851 ***	0. 9686 ***	1. 0359 ***	1. 0127 ***
2	0. 9853 ***	1. 0066 ***	0. 9723 ***	0. 9857 ***	1. 0313 ***

Inv	低	2	3	4	高
			b		
3	1.0466 ***	1.0433 ***	1.0240 ***	1.0573 ***	1.1075 ***
4	1.0364 ***	1.0151 ***	1.0069 ***	1.0465 ***	1.0372 ***
大	1.0224 ***	1.0444 ***	0.9437 ***	1.0698 ***	0.9598 ***
			s		
小	1.0467 ***	1.1303 ***	1.1109 ***	1.1574 ***	1.1751 ***
2	0.7633 ***	0.8402 ***	0.9204 ***	0.9173 ***	0.8832 ***
3	0.4195 ***	0.5293 ***	0.6128 ***	0.6087 ***	0.6125 ***
4	0.2127 **	0.2381 ***	0.3967 ***	0.2682 ***	0.4523 ***
大	-0.2914 ***	-0.2845 ***	-0.4052 ***	-0.4639 ***	-0.2645 ***
			h		
小	-0.0641	-0.2709 ***	0.0326	-0.0669	-0.3279 ***
2	-0.0439	-0.0394	0.0725	0.0635	-0.0437
3	-0.0431	-0.1856 **	-0.0473	-0.0008	-0.1191 ***
4	-0.0638	-0.1291 *	-0.2240 ***	-0.2611 ***	-0.0510
大	-0.0777	0.1215	-0.0837	-0.1965 ***	0.0218
			r		
小	-0.1429	0.1132	-0.0552	0.0917	0.2174
2	-0.1424	0.0228	-0.0977	0.0512	0.2033 *
3	-0.3931 ***	-0.0864	0.0411	0.0828	0.1923 **
4	-0.3715 ***	-0.3791 ***	-0.0141	0.0738	0.0851
大	0.0941	0.4296 ***	0.0288	-0.0602	-0.0457

续表

Inv	低	2	3	4	高
			c		
小	0.3737	0.1999*	0.0016	−0.1324	−0.3037
2	0.3107**	0.2557*	−0.0140	−0.0929	−0.4737***
3	0.1433	0.4932***	0.2267**	0.0705	−0.2375*
4	−0.0602	−0.1186	−0.0519	0.0875	−0.4068**
大	0.8804***	0.5631***	0.1967	−0.2762**	−0.7208***

4. GRS 检验和各模型的总体评价

为了对 Fama-French 五因子模型在分别拟合由牛熊市样本得到的按规模－账面市值比（$Size - B/M$）、规模－盈利（$Size - OP$）和规模－投资（$Size - Inv$）分组的 5×5 投资组合的月度平均收益的表现进行总体评价，本节延续第三章中的方法，分别使用 Gibbons 等（1989）提出的 GRS 检验对各模型拟合不同投资组合平均收益的效果进行检验，得到相应的 p 值，同时计算用 Fama-French 五因子模型回归得到的截距项绝对值的均值（$A|\alpha_i|$）及其与 $A|\bar{r}_i|$ 的比值（$\dfrac{A|\alpha_i|}{A|\bar{r}_i|}$），并计算调整的拟合优度的均值 A（R^2）。最后将得到的两个样本下的各指标列于表 4 – 12 中。

从表 4 – 12 可以看出，所有 GRS 检验得到的 p 值都大于 0.05。因此，Fama-French 五因子模型对牛熊市样本中的平均收益特征都能做出较好的解释。再者，比较牛熊市样本得到的 p 值大小可以发现，除在拟合规模－账面市值比（$Size - B/M$）组合时，牛市样本下的 p 值大于熊市样本下的 p 值之外，在拟合其他两个 5×5 组合时熊市样本下的 p 值都大于牛市样本下的 p 值。$A|\alpha_i|$ 和 $\dfrac{A|\alpha_i|}{A|\bar{r}_i|}$ 两个指标的值在熊市样本下都小于牛市样本下对应的值，而调整的拟合优度

的均值 A（R^2）在熊市样本下的值都大于牛市样本下的值。因此，从总体上来看，在拟合股市平均收益的特征上，Fama-French 五因子模型在熊市状态下的表现要优于在牛市状态下的表现。

表 4 - 12　2 ×3 因子构造法下各模型在牛熊市样本中的总体表现

	GRS（p）	$A\mid\alpha_i\mid$	$\dfrac{A\mid\alpha_i\mid}{A\mid\bar{r}_i\mid}$	A（R^2）
面板 A：$Size-B/M$ 组合				
牛市	0.8645	0.00174	0.3729	0.9540
熊市	0.7373	0.00130	0.3480	0.9627
面板 B：$Size-OP$ 组合				
牛市	0.4088	0.00177	0.3874	0.9537
熊市	0.6000	0.00137	0.3457	0.9630
面板 C：$Size-Inv$ 组合				
牛市	0.3544	0.00196	0.4294	0.9541
熊市	0.8452	0.00131	0.3699	0.9650

5. 因子构造法不同时研究结果的稳健性

本部分进一步按 Fama 和 French（2015a）曾使用的另外两种因子构建方法（2 ×2 因子构造法和 2 ×2 ×2 ×2 因子构造法）对牛熊市样本分别计算因子序列，然后进行 GRS 检验和回归，最终得到回归截距项绝对值的均值、调整拟合优度的均值等，以检验前文所得结论的稳健性，主要相关结果列于表 4 - 13 中。

表 4 - 13　其他两种因子构造法下各模型在牛熊市样本中的总体表现

	2 ×2 因子构造法				2 ×2 ×2 ×2 因子构造法			
	GRS（p）	$A\mid\alpha_i\mid$	$\dfrac{A\mid\alpha_i\mid}{A\mid\bar{r}_i\mid}$	A（R^2）	GRS（p）	$A\mid\alpha_i\mid$	$\dfrac{A\mid\alpha_i\mid}{A\mid\bar{r}_i\mid}$	A（R^2）

续表

	2 × 2 因子构造法				2 × 2 × 2 × 2 因子构造法			
面板 A：*Size – B/M* 组合								
牛市	0.7076	0.00202	0.4329	0.9543	0.8154	0.00171	0.3665	0.9531
熊市	0.7836	0.00131	0.3507	0.9627	0.7637	0.00133	0.3561	0.9609
面板 B：*Size – OP* 组合								
牛市	0.4170	0.00153	0.3349	0.9540	0.3859	0.00166	0.3634	0.9524
熊市	0.7121	0.00138	0.3482	0.9632	0.5515	0.00142	0.3583	0.9614
面板 C：*Size – Inv* 组合								
牛市	0.3183	0.00206	0.4513	0.9541	0.3448	0.00204	0.4469	0.9526
熊市	0.8481	0.00135	0.3812	0.9645	0.5046	0.00140	0.3953	0.9633

分析表 4 – 13 可以发现，在用 GRS 检验分析 Fama-French 五因子模型拟合 5 × 5 投资组合的月度平均收益的表现时，不仅所有的 p 值均大于 0.05，而且在大部分情况下，熊市样本下的 p 值要大于牛市样本下的 p 值（仅有一组值例外）；再者，在熊市样本下得到的 $A \mid \alpha_i \mid$ 和 $\dfrac{A \mid \alpha_i \mid}{A \mid \bar{r}_i \mid}$ 的值也基本上都小于牛市样本下的相应值（仅有一组值例外）；同时，在熊市样本下得到的 A（R^2）都大于在牛市样本下得到的相应值。因此，研究结论具有稳健性。也就是说，Fama-French 五因子模型在牛熊市状态下都可以较好地拟合我国股市平均收益中存在的规模、账面市值比、盈利和投资等效应特征，而且从总体上来看在熊市状态下的表现要优于在牛市状态下的表现。

四　实证结果的再讨论

从本章第二节我国股市平均收益在两个市场状态下表现出来的特征可以看出，以牛市样本得到的我国股市平均收益特征与第三章以全样本得到的平均收益特征相近似，而以熊市样本得到的平均收益特征中除规模效应外都与它们的表现相反。这里，仍然分别按照Fama 和 French（2006）的理性定价逻辑和 Lakonishok 等（1994）的非理性定价逻辑给出解释。

（1）按照理性定价逻辑，与牛市条件下不同，在熊市里，由于经济环境恶化，成长型公司相对价值型公司具有更高的基本面相关风险，从而应该获得更高的风险补偿。

（2）按照非理性定价逻辑，与牛市条件下不同，在熊市里，投资者可能会对未来过度悲观，从而低估了近期信息的价值乃至低估了成长型公司的价值，在市场修正过程中，持有成长型公司股票能获得更高的收益率。

再者，基于第三章的分析，盈利效应特征在牛熊市条件下表现出来的差异可能是由于在牛市状态下大量的投资者参与股市投机活动提升了盈利能力较弱的股票的投机价值，而在熊市状态下大量的投资者退出股市降低了盈利能力较弱的股票的投机价值。

五　本章小结

本章通过将研究数据分成牛市样本和熊市样本，分析了规模、账面市值比（B/M）、盈利和投资的平均收益特征在牛熊市状态下的表现差异，进而研究了 Fama-French 五因子模型在牛熊市状态下的表现。主要得出以下结论。

（1）我国股市的平均收益在牛熊市状态下都呈现出了与规模、B/M、盈利、投资相关的效应特征。其中，规模效应在两个市场状态下都表现为规模越大的公司的股票收益越低，而 B/M 效应、盈利效应和投资效应在两个市场状态下的表现明显相反。B/M 效应特征在牛市状态下表现为 B/M 越高的公司的股票收益越高，而在熊市状态下表现为 B/M 越高的公司的股票收益越低；盈利效应特征在牛市状态下表现为盈利能力越强的公司的股票收益越低，而在熊市状态下表现为盈利能力越强的公司的股票收益越高；投资效应特征在牛市状态下表现为投资越保守的公司的股票收益越高，而在熊市状态下表现为投资越激进的公司的股票收益越高。同时，牛市状态下的效应特征表现与第三章由全样本得到的结果近似。

（2）Fama-French 五因子模型可以较好地解释我国股市牛熊市状态下存在的与规模、B/M、盈利和投资相关的效应特征，而且从总体上来看，Fama-French 五因子模型在熊市状态下的表现会更好。

（3）与牛市状态不同，熊市状态下的 Fama-French 五因子模型中的投资因子是"冗余因子"。

第五章　五因子资产定价模型在流动性定价研究中的应用

　　流动性一般定义为交易的难易程度。传统的资产定价理论认为，投资者承担一定的风险就会要求相应的风险补偿。因此，理论上说要让股市中的投资者买卖流动性较差的股票就应该给予相应的补偿，这种补偿也被称为非流动性（Illiquidity）补偿。非流动性补偿通常使用流动性较低的股票相对流动性较高的股票的收益差异进行测度，因此也有大量的学者将非流动性补偿称为流动性溢价。在实证研究中，这方面的研究主要关注股市中流动性的测度及流动性与资产价格的关系。结合第二章的研究文献可以发现，国内外尚未有学者使用 Kang 和 Zhang（2014）得到的改进的 Amihud 非流动性测度进行流动性溢价的研究。再者，在流动性溢价的研究中，虽然有的学者用到了 Sharpe（1964）等提出的 CAPM 模型及 Fama 和 French（1993）提出的三因子模型，但尚未有学者使用 Fama 和 French（2015a）提出的五因子模型进行相关研究。那么，在我国股市里，使用 Kang 和 Zhang（2014）得到的改进的 Amihud 非流动性测度进行流动性溢价研究，是否可以得到相比直接使用 Amihud（2002）提出的非流动性测度时更显著的流动性溢价现象？Fama-French 五因子模型在进行流动性溢价研究时的表现如何？本章的研究将试图对这些问题进行回答。

一 流动性的测度

在流动性的研究中，使用较多的一个流动性测度指标是 Amihud（2002）提出的一个基于低频交易数据的股票每日收益绝对值和交易额比值的流动性测度指标，这一指标被后来的研究者称为 Amihud 非流动性测度，其表达式如下：

$$Amihud_{i,m} = \frac{1}{N_{i,m}} \sum_{t=1}^{N_{i,m}} \frac{\mid R_{i,t,m} \mid}{Vol_{i,t,m}} \qquad (5.1)$$

其中，$N_{i,m}$表示第 m 月股票 i 的有效交易天数，$\mid R_{i,t,m} \mid$ 表示股票 i 在第 m 月第 t 日的收益率的绝对值，而 $Vol_{i,t,m}$ 表示与 $\mid R_{i,t,m} \mid$ 对应的当日发生的交易额。$Amihud_{i,m}$ 的值越大，表示股票的流动性越差。

$$ZeroRet_{i,m} = \frac{股票\ i\ 在第\ m\ 月的零收益率天数}{整个市场在第\ m\ 月的有效交易天数} \qquad (5.2)$$

Bekaert 等（2007）使用式（5.2）所描述的零收益流动性测度进行研究时，指出在股市交易期间股票自身不能交易的天数越多表明它们的流动性越差。Kang 和 Zhang（2014）认为零交易额天数比零收益天数更能直接地测度单个股票在股市交易期不能进行正常交易的现象，基于这一思想他们提出了以下的零交易额测度。

$$ZeroVol_{i,m} = \frac{股票\ i\ 在第\ m\ 月的零交易额天数}{整个市场在第\ m\ 月的有效交易天数} \qquad (5.3)$$

Kang 和 Zhang（2014）进一步基于式（5.3）的零交易额测度对 Amihud 非流动性测度进行改进，提出了一个新的流动性测度指标，即：

$$AdjILLIQ_{i,m} = \left[\mathrm{Ln}\left(\frac{1}{N_{i,m}} \sum_{t=1}^{N_{i,m}} \frac{|R_{i,t,m}|}{Vol_{i,t,m}} \right) \right] \times (1 + ZeroVol_{i,m}) \qquad (5.4)$$

式（5.4）中，$ZeroVol_{i,m}$的定义与式（5.3）相同，其他变量的定义与 Amihud 非流动性测度中的相同。

由于重大事件发布和交易异常等因素，我国股市里时常会发生个别股票交易暂停的现象，交易暂停使得股票不能正常流通，增加了股票的流动性风险。Kang 和 Zhang（2014）提出的流动性测度指标考虑了这一现象，因此可以说理论上其构建的新的流动性测度指标更符合我国股市的实际情况。他们的实证研究也表明，新的流动性测度指标优于其他的流动性测度指标。

二　样本选取与研究设计

同第三章的研究类似，本章的研究也将涨跌停板的可能影响考虑在内，选取 1997 年 7 月至 2015 年 6 月共 216 个月的沪深 A 股的月度收益数据为样本，研究用的各股票的月度交易数据和每日交易数据来源于国泰安数据库，使用的财务数据来源于 Wind 数据库。

结合本章的研究目的，将按照以下的步骤开展研究。

第一步，流动性的度量。

本章使用每日数据计算 Amihud 非流动性测度和改进的 Amihud 非流动性测度。具体来说，用前述样本的前一年股票的每日交易数据作为计算样本。为了保证计算的有效性，研究中只选用每月的有效交易天数大于等于 5 天的月份计算各样本股票的流动性指标，并将之记作有效月份。再者，为了避免单个月份对非流动性测度的影响，进一步将每年中有效月份不足 3 个的样本进行剔除。最后，可以按照式（5.1）和式（5.4）依次计算出样本内各股票在有效月份的流动性水平，进而通过求平均值得到全年的流动性水平。

第二步，流动性溢价和股市平均收益特征的检验。

根据第三章的研究，我国股市存在规模效应、账面市值比效应、盈利效应和投资效应特征。本章将在对流动性溢价研究的基础上，对这些效应所表现出来的特征做进一步研究。与第三和第四章的研究方法不同，首先，本章将结合 Liu（2006）、潘莉和徐建国（2011）的部分研究思想，逐年分别按上市公司的规模、B/M、盈利、投资特征和前文计算得到的两个非流动性测度的大小，将上市公司排序并分成样本大小相等的 10 组。然后，使用等权重法计算各组样本股票次年各月的平均收益率。最后，在分析各组平均收益所表现出来的特征的基础上，比较 10 组中相应特征最大的组和最小的组所表现出的收益差异，并通过 t 检验判断其显著性。为了表述的方便，在本章里，依次将这些特征的最大组和最小组之间的收益差异称为规模溢价、B/M 溢价、盈利溢价、投资溢价、Amihud 流动性溢价和改进的 Amihud 流动性溢价。在本章里，使用第 $t-1$ 年年末的流通市值表示上市公司的规模大小，使用第 $t-1$ 年年末的所有者权益与总市值的比值计算账面市值比（B/M）。在定义投资因素时，Fama 和 French（2015a）的五因子模型和 Hou 等（2015）的 q 因子模型都使用总资产增长率来评价上市公司的投资情况，本章里使用第 $t-1$ 年年末相对第 $t-2$ 年年末的总资产增长率计算上市公司的投资水平。而在定义盈利因素时，参照第三章的方法使用第 $t-1$ 年年末的营业利润/账面价值计算上市公司的盈利能力。

第三步，因子模型的构建。

为了分析因子模型对我国股市规模溢价、B/M 溢价、盈利溢价、投资溢价、Amihud 流动性溢价和改进的 Amihud 流动性溢价的解释能力，需要先构建因子定价模型。在本章里，首先构建 CAPM 模型、

Fama-French 三因子模型和 Fama-French 五因子模型，然后构造流动性因子以方便后文的分析。其中，CAPM 模型、Fama-French 三因子模型和 Fama-French 五因子模型中的市场因子、规模因子、账面市值比因子、盈利因子和投资因子使用第三章得到的相关数据。在研究中，先使用 CAPM 模型、Fama-French 三因子模型和 Fama-French 五因子模型对规模溢价、B/M 溢价、盈利溢价、投资溢价、Amihud 流动性溢价和改进的 Amihud 流动性溢价对应的收益序列进行回归，判断它们的解释能力，以评价这些模型的表现。

在构造流动性因子上，本章参照 Liu（2006）的方法，使用第一步得到的流动性指标构建流动性因子。具体来说，首先在每年的 6 月份对各股票前一年的平均流动性水平进行排序，然后按 30%、40% 和 30% 的权重分成流动性指标低（L）、中（N）和高（H）的三组，并计算各组的等权平均收益率，最后用式（5.5）计算流动性因子。

$$ILQ = H - L \qquad\qquad (5.5)$$

式（5.5）中，H 和 L 分别表示流动性指标高的组和低的组对应的等权平均收益率。

在这里，流动性因子分别使用由 Amihud（2002）提出的非流动性测度及由 Kang 和 Zhang（2014）提出的改进的 Amihud 非流动性测度进行计算，可以得到两个非流动性因子。为了方便研究，将它们依次表示为 $ILQ1$ 和 $ILQ2$。

第四步，流动性扩展的 CAPM 模型的表现。

结合 Liu（2006）的研究，本章使用式（5.6）表示的流动性扩展的 CAPM 模型对规模溢价、B/M 溢价、盈利溢价、投资溢价、Amihud 流动性溢价和改进的 Amihud 流动性溢价对应的收益序列进行回归分析，判断流动性扩展的 CAPM 模型对它们的解释能力。

$$R_{pt} - R_{Ft} = \alpha + b(R_{Mt} - R_{Ft}) + iILQ_t + e_t \tag{5.6}$$

第五步,其他因子定价模型的表现。

在第四步的研究后,本章进一步研究是否存在表现更好且能同时解释规模溢价、B/M 溢价、盈利溢价、投资溢价、Amihud 流动性溢价和改进的 Amihud 流动性溢价现象的因子定价模型。

三 实证分析

(一) 描述性统计分析

根据研究设计中的方法构造市场因子 $R_M - R_F$、规模因子 SMB、账面市值比因子 HML、盈利因子 RMW、投资因子 CMA 及两个流动性因子 $ILQ1$ 和 $ILQ2$,然后计算得到各因子的主要描述性特征并将结果呈现在表 5 – 1 中。

表 5 – 1 各因子的描述性统计特征

	$R_M - R_F$	SMB	HML	RMW	CMA	$ILQ1$	$ILQ2$
面板 A:统计特征							
截距项	0.0108	0.0091	0.0017	– 0.0017	0.0024	0.0112	0.0106
t 统计量	1.8124	3.3058	0.7335	– 0.7212	1.6348	3.4570	4.1128
p 值	0.0713	0.0011	0.4641	0.4715	0.1036	0.0007	0.0001
面板 B:相关系数							
$R_M - R_F$	1.0000	0.1201	0.0161	– 0.3685	0.2365	0.1081	0.0170
SMB	0.1201	1.0000	– 0.3734	– 0.5896	0.2647	0.9591	0.8961
HML	0.0161	– 0.3734	1.0000	– 0.1465	0.3463	– 0.2914	– 0.1978
RMW	– 0.3685	– 0.5896	– 0.1465	1.0000	– 0.7378	– 0.6460	– 0.6059

续表

	$R_M - R_F$	SMB	HML	RMW	CMA	ILQ1	ILQ2
面板 B：相关系数							
CMA	0.2365	0.2647	0.3463	−0.7378	1.0000	0.3593	0.3356
ILQ1	0.1081	0.9591	−0.2914	−0.6460	0.3593	1.0000	0.9371
ILQ2	0.0170	0.8961	−0.1978	−0.6059	0.3356	0.9371	1.0000

从表 5 - 1 可以看出，在 7 个因子中，规模因子及两个流动性因子都表现出了在1%的水平下显著异于零，表明规模溢价及流动性溢价较为明显；再者，两个流动性因子的值都为正值，表明流动性越差的股票组合收益越高。从各因子之间的相关系数可以看出，两个流动性因子的相关性较高，超过了0.9；流动性因子与市场因子、规模因子和投资因子表现为正的相关关系，但与账面市值比因子和盈利因子表现为负的相关关系，而且，它们与规模因子的相关系数都在 0.9 左右，表明它们之间具有较强的相关关系。

（二）我国股市平均收益特征和溢价

为了分析我国股市平均收益中存在的特征，本章分别按规模、B/M、盈利、投资、Amhiud 非流动性测度和改进的 Amhiud 非流动性测度对样本内股票的月度收益数据逐年进行排序，并依各值由小到大分成样本大小相等的 10 个组合，然后使用等权重法计算各组合的平均收益[①]，得到的平均收益值列于表 5 - 2 中。表 5 - 2 从上至下依次是相应特征由小至大对应的组合得到的值，而其中最后一行表示各特征最大值对应的组与最小值对应的组之间的平均收益差异及

---

① 在流通市值加权法下，不仅 B/M 溢价不显著，而且盈利溢价和投资溢价也不显著。因此，本章只研究等权重法计算各组合平均收益的情况。

对应的 t 检验统计量。

表 5 - 2　我国股市平均收益特征和溢价

	规模效应特征	B/M 效应特征	盈利效应特征	投资效应特征	流动性效应特征	改进的流动性效应特征
S	0.0228	0.0114	0.0185	0.0179	0.0082	0.0097
$D2$	0.0215	0.0137	0.0178	0.0181	0.0105	0.0112
$D3$	0.0189	0.0162	0.0165	0.0167	0.0126	0.0125
$D4$	0.0183	0.0165	0.0172	0.0173	0.0147	0.0136
$D5$	0.0165	0.0174	0.0165	0.0165	0.0157	0.0143
$D6$	0.0151	0.0166	0.0155	0.0154	0.0170	0.0169
$D7$	0.0139	0.0174	0.0161	0.0144	0.0180	0.0185
$D8$	0.0133	0.0173	0.0164	0.0151	0.0198	0.0196
$D9$	0.0119	0.0171	0.0133	0.0143	0.0213	0.0203
B	0.0077	0.0162	0.0122	0.0139	0.0218	0.0231
$B - S$	- 0.0151 *** (- 3.35)	0.0048 (1.42)	- 0.0063 * (- 1.85)	- 0.0040 * (- 1.78)	0.0136 *** (3.66)	0.0134 *** (4.07)

注：＊表示在 10% 的水平下显著，＊＊表示在 5% 的水平下显著，＊＊＊表示在 1% 的水平下显著。这些同样适用于本章其他表。

从表 5 - 2 中的规模效应特征所在列可以看出，流通市值越大的分组的平均收益率越小，表明当使用等权重法计算组合收益率时我国股市平均收益中表现出了规模效应特征，即规模越小的组合的平均收益率越大，而且由 $B - S$ 组的值对应的 t 统计量 (- 3.35) 可以看出，使用等权重法得到的规模溢价较为显著。B/M 效应特征所在列表现出的主要特征是账面市值比越大的分组的平均收益率总体越大，表明当使用等权重法计算组合收益率时我国股市平均收益中也表现出了账面市值比效应特征，即账面市值比越大的组合的平均收益率总体越大。但由 $B-S$ 组的值对应的 t 统计量（1.42）可以看出，使用等权重法得到的账面市值比溢价并不显著。从表中盈利效应特征所在列可以看出，随着盈利值的增大各组合呈现出的平均收益率的值总体越小，表明当使用等权重法计算组合收益率时我国股市平均收益中也表现出了盈利效应特征，即盈利能力越强的组合的平均收益率总体越低，而且由 $B-S$ 组的值对应的 t 统计量（-1.85）可以看出，使用等权重法得到的盈利溢价在 10% 的水平下较为显著。从表中投资效应特征所在列可以看出投资水平越激进的分组的平均收益率总体越小，表明当使用等权重法计算组合收益率时我国股市平均收益中也表现出了投资效应特征，即投资越保守的组合的平均收益率总体越大，而且由 $B-S$ 组的值对应的 t 统计量（-1.78）可以看出，使用等权重法得到的投资溢价在 10% 的水平下表现得较为显著。从表中流动性效应所在列可以看出，Amihud 非流动性测度的值越大的分组的平均收益率越大，表明我国股市中存在流动性效应特征，而且由 $B-S$ 组的值对应的 t 统计量（3.66）可以看出，使用等权重法得到的流动性溢价较为显著。从表中改进的流动性效应所在列可以看出，改进的 Amihud 非流动性测度的值越大的分组的平均收益率越大，使用这一指标也发现我国股市中存在流动性效应特征，而且由 $B-S$ 组的值对应的 t 统计量（4.07）可以看出，使用等权重法得到的流动性溢价同样较为显著。与 Liu（2006）及 Fama 和 French（2015a）对美国股市的研究相比，可以发现除盈利效应特征的方向与美国股市中的表现相反外，其他效应特征的方向都与美国股市表现相同。再对比最后一行各列中的 t 值的绝对值，可以发现由改进的 Amihud 非流动性测度得到的流动性溢价、由 Amihud 非流动性测度得到的流动性溢价、规模溢价、盈利溢价、投资溢价和账面市值比溢价的显著性依次降低。

（三）五因子资产定价模型等的解释能力分析

本节首先使用在金融实证文献中经常用到的 CAPM 模型、Fama-French 三因子模型进行分析，然后使用最近 Fama 和 French（2015a）提出的五因子模型进行研究，分析它们在解释表 5 - 2 中最后一行所呈现出的溢价上的能力。下面将依次列出 CAPM 模型、Fama-French 三因子模型和 Fama-French 五因子模型的具体表达式。

CAPM 模型：

$$R_{pt} - R_{Ft} = \alpha + b(R_{Mt} - R_{Ft}) + e_t \tag{5.7}$$

在式（5.7）中，R_{pt} 表示证券或投资组合 p 在 t 时期的收益率，R_{Ft} 表示无风险收益率，R_{Mt} 表示市场收益率。α 表示截距项，b 为因子载荷，而 e_t 为扰动项。

Fama-French 三因子模型：

$$R_{pt} - R_{Ft} = \alpha + b(R_{Mt} - R_{Ft}) + sSMB_t + hHML_t + e_t \tag{5.8}$$

在式（5.8）中，SMB_t 表示规模因子，HML_t 表示账面市值比因子，s 和 h 为相应的因子载荷，其他符号的定义与式（5.7）相同。

Fama-French 五因子模型：

$$R_{pt} - R_{Ft} = \alpha + b(R_{Mt} - R_{Ft}) + sSMB_t + hHML_t + rRMW_t + cCMA_t + e_t \tag{5.9}$$

在式（5.9）中，RMW_t 表示盈利因子，CMA_t 表示投资因子，r 和 c 为因子载荷，其他符号的定义与式（5.8）相同。

使用式（5.7）至式（5.9）三个模型对使用规模、B/M、盈利、投资、Amhiud 非流动性测度和改进的 Amhiud 非流动性测度特

征得到的 $B - S$ 收益序列进行回归（在回归前如果 $B - S$ 收益序列的平均值为负值，则计算收益序列的相反数后再引入模型），得到的主要相关结果列于表 5 - 3 至表 5 - 5 中。

表 5 - 3　CAPM 模型的表现

	规模溢价	B/M溢价	盈利溢价	投资溢价	流动性溢价	改进的流动性溢价
α	- 0.0129 ***	0.0027	- 0.0033	- 0.0011	0.0118 ***	0.0116 ***
b	- 0.0379	0.0176	- 0.1121 *	- 0.1020 ***	- 0.0031	- 0.0060
Adj - R^2	- 0.0022	- 0.0037	0.0336	0.0677	- 0.0046	- 0.0046

注：表中的显著性是由使用 Newey - West 估计法计算异方差自相关稳健标准误调整后的 t 值得到的，同样适用于本章其他表。

表 5 - 4　Fama-French 三因子模型的表现

	规模溢价	B/M溢价	盈利溢价	投资溢价	流动性溢价	改进的流动性溢价
α	0.0004	0.0002	0.0066 ***	0.0021	0.0004	0.0014
b	0.0485 ***	0.0067	- 0.0507 *	- 0.0831 ***	- 0.0766 ***	- 0.0710 ***
s	- 1.5544 ***	0.0427	- 1.0329 ***	- 0.2911 ***	1.2986 ***	1.1270 ***
h	0.0323	1.3850 ***	- 0.6344 ***	- 0.4343 ***	0.1957 ***	0.3716 ***
Adj - R^2	0.9070	0.8524	0.6308	0.2591	0.8461	0.7652

表 5 - 5　Fama-French 五因子模型的表现

	规模溢价	B/M溢价	盈利溢价	投资溢价	流动性溢价	改进的流动性溢价
α	- 0.0001	0.0002	0.0011	- 0.0003	0.0013	0.0029 *
b	0.0502 ***	0.0109	0.0620 ***	- 0.0120	- 0.0902 ***	- 0.1022 ***
s	- 1.5424 ***	0.0640	- 0.4136 ***	0.0928	1.2221 ***	0.9556 ***
h	0.0050	1.4324 ***	- 0.1553 **	- 0.0215	0.1633 **	0.2422 ***
r	0.1025	- 0.0397	0.9317 ***	0.3096 ***	- 0.1772 **	- 0.2654 **
c	0.2166 *	- 0.1979	- 0.2801 **	- 0.8774 ***	- 0.1285	0.0578
Adj - R^2	0.9080	0.8547	0.8626	0.6386	0.8477	0.7821

分析表 5 – 3 至表 5 – 5 可以发现，在对我国股市平均收益中存在的规模溢价、B/M 溢价、盈利溢价、投资溢价、Amihud 流动性溢价和改进的 Amihud 流动性溢价的解释上，CAPM 模型可以解释 B/M 溢价、盈利溢价和投资溢价，但无法解释规模溢价和两个流动性溢价；Fama-French 三因子模型不能对盈利溢价进行解释，但可以解释其他溢价；Fama-French 五因子模型在 10% 的显著性水平下可以解释规模溢价、B/M 溢价、盈利溢价、投资溢价和 Amihud 流动性溢价，但无法解释由改进的 Amihud 非流动性测度得到的流动性溢价。总之，尽管从各因子模型回归得到的调整的拟合优度可以看出，CAPM 模型、Fama-French 三因子模型和 Fama-French 五因子模型在拟合效果上逐渐提高，但在解释我国股市平均收益中的溢价特征上，三个模型都不能同时对它们做出有效解释。

（四） 流动性扩展的 CAPM 模型的解释能力分析

本节进一步分析流动性扩展的 CAPM 模型的表现。在这里，流动性因子分别使用 Amihud 非流动性测度及改进的 Amihud 非流动性测度进行计算，相应的流动性扩展的 CAPM 模型表达式（5.6）可以进一步分解为以下两个模型。

基于 Amihud 非流动性测度的流动性扩展的 CAPM 模型如下：

$$R_{pt} - R_{Ft} = \alpha + b(R_{Mt} - R_{Ft}) + iILQ1_t + e_t \qquad (5.10)$$

在式（5.10）中，R_{pt} 表示证券或投资组合 p 在 t 时期的收益率，R_{Ft} 表示无风险收益率，R_{Mt} 表示市场收益率。α 表示截距项，b 为因子载荷，而 e_t 为扰动项。$ILQ1$ 是使用 $Amihud$（2002）提出的非流动性测度得到的流动性因子，i 为相应的因子载荷。

基于改进的 Amihud 非流动性测度的流动性扩展的 CAPM 模型如下：

$$R_{pt} - R_{Ft} = \alpha + b(R_{Mt} - R_{Ft}) + iILQ2_t + e_t \qquad (5.11)$$

在式（5.11）中，$ILQ2$ 是使用 Kang 和 Zhang（2014）提出的改进的 Amihud 非流动性测度得到的流动性因子，i 为相应的因子载荷。其他符号的定义与式（5.10）相同。

使用以上表示的两个流动性扩展的 CAPM 模型对各特征的 $B-S$ 收益序列进行回归，得到的主要结果列于表 5 - 6 和表 5 - 7 中。

表 5 - 6　基于 Amihud 非流动性测度的流动性扩展的 CAPM 模型的表现

	规模溢价	B/M溢价	盈利溢价	投资溢价	流动性溢价	改进的流动性溢价
α	0.0007	0.0051	0.0048 **	0.0009	0.0003	0.0019
b	0.0372	0.0310	- 0.0674 **	- 0.0909 ***	- 0.0669 ***	- 0.0598 ***
i	- 1.2794 ***	- 0.2282	- 0.7615 ***	- 0.1887 ***	1.0875 ***	0.9172 ***
Adj - R^2	0.8346	0.0400	0.5457	0.1359	0.8877	0.8052

表 5 - 7　基于改进的 Amihud 非流动性测度的流动性扩展的 CAPM 模型的表现

	规模溢价	B/M溢价	盈利溢价	投资溢价	流动性溢价	改进的流动性溢价
α	0.0039 **	0.0044	0.0072 ***	0.0017	- 0.0028 **	- 0.0010
b	- 0.0261	0.0187	- 0.1048 ***	- 0.1001 ***	- 0.0133	- 0.0148
i	- 1.6011 ***	- 0.1559	- 0.9991 ***	- 0.2629 ***	1.3924 ***	1.2017 ***
Adj - R^2	0.8333	0.0060	0.5960	0.1531	0.9281	0.8821

从表 5 - 6 和表 5 - 7 可以看出，基于 Amihud 非流动性测度的流动性扩展的 CAPM 模型可以解释规模溢价、B/M 溢价、投资溢价和

两个流动性溢价，但不能对盈利溢价进行解释；而基于改进的 Amihud 非流动性测度的流动性扩展的 CAPM 模型可以解释 B/M 溢价、投资溢价和由改进的 Amihud 非流动性测度得到的流动性溢价，但不能对规模溢价、盈利溢价和由 Amihud 非流动性测度得到的流动性溢价进行有效解释。因此，两个流动性扩展的 CAPM 模型都不能同时对规模溢价、B/M 溢价、盈利溢价、投资溢价和两个流动性溢价进行有效解释，而且基于改进的 Amihud 非流动性测度的流动性扩展的 CAPM 模型在解释这些溢价特征上不及基于 Amihud 非流动性测度的流动性扩展的 CAPM 模型。

（五）流动性扩展的六因子资产定价模型的解释能力分析

1. 对特征溢价的解释能力分析

由前两节的分析可以发现，CAPM 模型、Fama-French 三因子模型、Fama-French 五因子模型和两个流动性扩展的 CAPM 模型都不能同时对规模、账面市值比、投资和盈利等特征溢价及由改进的 Amihud 非流动性测度和 Amihud 非流动性测度得到的流动性溢价做出较好解释。本节将进一步探讨能对这些溢价现象进行同时解释的因子模型，下面本章将采用在 Fama-French 五因子模型中加入流动性因子的方法构造新的模型，得到六因子模型。由表 5 - 1 可以发现，规模因子与两个流动性因子都具有较强的相关关系，当将流动性因子加入五因子模型中用于回归各组合的收益率时，可以发现方差膨胀因子 VIF 存在大于 10 的情况，表明出现了多重共线性。再者，借助 Fama 和 French（2015a）的方法检验六因子模型里是否存在"冗余因子"。这里，依次用其余五个因子对第六个因子回归得到的截距项及其显著性，所得结果列于表 5 - 8 中。

表5-8　用其余五个因子对第六个因子回归得到的截距项及其显著性

	$R_M - R_F$	SMB	HML	RMW	ILQ1	ILQ2
当使用 ILQ1 时	0.0161**	0.0007	0.0053***	0.0052***	0.0012	——
当使用 ILQ2 时	0.0185**	0.0007	0.0039**	0.0054***	——	0.0032***

从表5-8可以看出，在使用 ILQ1 进行研究时，规模因子和流动性因子互为"冗余因子"；而在使用 ILQ2 进行研究时，只有规模因子是"冗余因子"。因此，本章将进一步使用其余五个因子对规模因子进行回归，并使用下式得到调整后的规模因子：

$$SMBO_t = SMB_t - b(R_{Mt} - R_{Ft}) - hHML_t - rRMW_t - cCMA_t - iILQ_t$$

$$(5.12)$$

本章同时对两个非流动性测度进行研究，因此可以进一步得到两个流动性扩展的六因子模型。

基于 Amihud 非流动性测度的六因子模型：

$$R_{pt} - R_{Ft} = \alpha + b(R_{Mt} - R_{Ft}) + sSMBO_t + hHML_t + rRMW_t + $$
$$cCMA_t + iILQ1_t + e_t \qquad (5.13)$$

在式（5.13）中，R_{pt} 表示证券或投资组合的收益率，R_{Ft}、R_{Mt} 分别表示无风险收益率、市场收益率。$SMBO_t$ 表示使用式（5.12）得到的调整的规模因子。HML_t、RMW_t、CMA_t 分别表示由上市公司账面市值比、盈利能力和投资水平差异造成的风险溢价得到的相应因子。$ILQ1_t$ 是使用 Amihud 非流动性测度得到的流动性因子。s、b、h、r、c 和 i 为相应的因子载荷，α 表示截距项，而 e_t 为扰动项。

基于改进的 Amihud 非流动性测度的六因子模型如下：

$$R_{pt} - R_{F_t} = \alpha + b(R_{Mt} - R_{F_t}) + sSMBO_t + hHML_t + rRMW_t +$$
$$cCMA_t + iILQ2_t + e_t \qquad (5.14)$$

式（5.14）中，$ILQ2_t$ 是使用改进的 Amihud 非流动性测度得到的流动性因子，其他符号的含义同式（5.13）。

使用式（5.13）和式（5.14）表示的两个六因子模型对各特征的 $B-S$ 收益序列进行回归，得到的主要结果列于表 5-9 和表 5-10 中。

表 5-9　基于 Amihud 非流动性测度的六因子模型的表现

	规模 溢价	B/M 溢价	盈利 溢价	投资 溢价	流动性 溢价	改进的流 动性溢价
α	0.0001	− 0.0003	0.0012	− 0.0003	0.0002	0.0019
b	0.0353**	0.0182	0.0578***	− 0.0110	− 0.0649***	− 0.0800***
s	− 1.4518***	− 0.4126**	− 0.3720***	0.0850	0.1925	− 0.0218
h	0.1525***	1.4658***	− 0.1172**	− 0.0302	0.1265**	0.2278***
r	0.2071***	0.0378	0.9567***	0.3037***	− 0.0943	− 0.1708*
c	0.4830***	− 0.1977	− 0.2091	− 0.8933***	− 0.3169***	− 0.0854
i	− 1.2296***	0.1230**	− 0.3324***	0.0743	1.1202***	0.9022***
$Adj - R^2$	0.9079	0.8667	0.8620	0.6369	0.8950	0.8363

表 5-10　基于改进的 Amihud 非流动性测度的六因子模型的表现

	规模 溢价	B/M 溢价	盈利 溢价	投资 溢价	流动性 溢价	改进的流 动性溢价
α	0.0019*	− 0.0007	0.0025**	0.0002	− 0.0021*	− 0.0004
b	− 0.0118	0.0235	0.0358**	− 0.0148	− 0.0201	− 0.0396**
s	− 1.0108***	− 0.1896*	− 0.0492	0.2136*	0.3176***	0.0692
h	0.3753***	1.4453***	− 0.0830	− 0.0624	− 0.0713*	0.0806
r	0.2674***	0.0369	0.8960***	0.2446***	− 0.1337**	− 0.1668**

续表

	规模溢价	B/M溢价	盈利溢价	投资溢价	流动性溢价	改进的流动性溢价
c	0.3604***	− 0.1842	− 0.2604**	− 0.8990***	− 0.2015***	0.0159
i	− 1.4578***	0.1515**	− 0.4782***	0.0276	1.3451***	1.1222***
$Adj - R^2$	0.9294	0.8630	0.8797	0.6413	0.9402	0.8952

对比表5 – 9和表5 – 10可以发现，只有使用Amihud非流动性测度得到的六因子模型可以同时对规模溢价、B/M溢价、盈利溢价、投资溢价和两个流动性溢价进行较好的解释。因此，基于Amihud非流动性测度的六因子模型在解释本章研究的溢价现象上有较好的表现，而基于改进的Amihud非流动性测度的六因子模型的表现并不理想。

2. 对平均收益特征的解释能力分析

下文将进一步使用式（5.13）表示的基于Amihud非流动性测度的六因子模型对第三章得到的5 × 5投资组合进行回归并与Fama-French五因子模型得到的结果相比较，以分析它们在解释我国股市平均收益中存在的规模效应、账面市值比效应、盈利效应和投资效应上的表现。对于两个模型来说，由时间序列回归分析得到的结果较为接近，这里不再列出。使用GRS检验等比较两个模型的总体表现，相关结果列于表5 – 11中。

表5 – 11　对平均收益解释能力总体表现的比较

	GRS（p）	$A\|\alpha_i\|$	$\dfrac{A\|\alpha_i\|}{A\|\bar{r}_i\|}$	$A(R^2)$
面板A：$Size - B/M$ 组合				
五因子模型	0.8983	0.000951	0.0615	0.9635
六因子模型	0.9241	0.000934	0.0604	0.9638

	GRS（p）	$A\|\alpha_i\|$	$\dfrac{A\|\alpha_i\|}{A\|\bar{r}_i\|}$	$A（R^2）$
面板 B：*Size – OP* 组合				
五因子模型	0.4607	0.001171	0.0752	0.9636
六因子模型	0.5241	0.001166	0.0749	0.9637
面板 C：*Size – Inv* 组合				
五因子模型	0.3543	0.001055	0.0679	0.9643
六因子模型	0.3772	0.001091	0.0702	0.9645

比较表 5 – 11 中的两个因子模型得到的结果，可以发现与基于 Amihud 非流动性测度的六因子模型相比，Fama-French 五因子模型在解释我国股市平均收益中存在的规模效应、账面市值比效应、盈利效应和投资效应上略占优势。

（六）流动性定价模型表现的原因探讨

上文研究中主要有两个发现，一是流动性因子与规模因子存在较强的相关关系，二是使用改进的 Amihud 非流动性测度计算流动性因子得到的流动性定价模型的表现不及使用 Amihud 非流动性测度计算流动性因子得到的流动性定价模型的表现。下文将对这两个发现做初步的解释。

首先，流动性因子与规模因子之间存在较强的相关关系可能是我国股市中大量的投资者偏爱买卖规模较小的股票，造成规模小的股票流动性较高，而规模大的股票流动性较低，进而使得上市公司的规模特征与流动性特征呈现出了较高的相关性的缘故。

其次，将改进的 Amihud 非流动性测度计算得到的流动性因子引入定价模型中表现不理想，可能是股市暂停交易等扭曲了股市的定价机制的缘故。

四　本章小结

本章使用我国沪深 A 股的数据，在计算 Amihud（2002）提出的非流动性测度及 Kang 和 Zhang（2014）提出的改进的非流动性测度的基础上，构造 1×10 投资组合并使用等权重法计算投资组合平均收益率，研究了我国股市平均收益中存在的流动性溢价、规模溢价、账面市值比溢价、盈利溢价和投资溢价。通过构建因子定价模型研究了不同因子定价模型对这些溢价现象的解释能力，得出了以下研究结论。

（1）在等权重法下，我国股市平均收益中存在的流动性溢价、规模溢价、盈利溢价、投资溢价和账面市值比溢价的显著性依次降低。使用 Kang 和 Zhang（2014）提出的改进的 Amihud 非流动性测度可以得到比直接使用 Amihud 非流动性测度更显著的流动性溢价。

（2）在解释我国股市平均收益中存在的流动性溢价上，CAPM 模型对两个非流动性测度得到的流动性溢价都不能做出较好的解释，Fama-French 五因子模型不能较好地解释由 Kang 和 Zhang（2014）提出的改进的 Amihud 非流动性测度得到的流动性溢价，而 Fama-French 三因子模型则可以较好地解释两个流动性溢价。

（3）在解释我国股市平均收益中存在的流动性溢价、规模溢价、盈利溢价、投资溢价和账面市值比溢价上，CAPM 模型、Fama-French 三因子模型、Fama-French 五因子模型和流动性扩展的 CAPM 模型都不能同时对它们进行有效的解释。以 Kang 和 Zhang（2014）提出的改进的 Amihud 非流动性测度构建的流动性因子作为定价因子的表现并不理想。

（4）规模因子与流动性因子存在较强的相关关系，在将流动性因子加入 Fama-French 五因子模型中时，规模因子是"冗余因子"。基于 Amihud 非流动性测度构造的流动性扩展的六因子模型不仅可以同时对本章研究的流动性溢价、规模溢价、盈利溢价、投资溢价和账面市值比溢价进行有效的解释，而且在解释我国股市平均收益中存在的规模、账面市值比、盈利和投资等效应特征上优于 Fama-French 五因子模型。

第六章　五因子资产定价模型在 IPOs 长期表现研究中的应用

长期以来，IPOs 长期表现是金融市场研究的热点问题。已往的研究多使用 CAPM 模型、Fama-French 三因子模型、CAR 方法和 BHAR 方法进行研究。本章将 Fama-French 五因子模型及其拓展模型应用于 IPOs 长期表现的研究，分析在使用不同因子模型的情况下研究 IPOs 长期表现所得结果的差异，而且进一步研究了哪些因素与 IPOs 长期表现相关。

一　引言

首次公开募股（IPO）是上市公司发展中的重要事件，也是证券市场得以成立和壮大的基础。对 IPO 相关问题的研究由来已久，尤其是其中的三大异象受到了研究者的广泛关注。IPOs 长期表现问题作为其中之一，自 Ritter（1991）正式提出后，不断有研究者选用不同的样本和研究方法对这一课题展开研究。IPOs 长期表现研究的是 IPO 在上市交易初期之后的较长期限内，其股票收益与市场指数或配比公司等基准收益率相比表现出的或强或弱的特征。陈雨露和汪昌云（2006）对 20 世纪末期发表的关于 IPOs 长期表现的文献进行了整理，发现在美国、澳大利亚、加拿大、日本、英国和巴西等国家的股市中 IPOs 长期表现主要为弱势，而在韩国和中国等国家则表现出了长期强势的现象。但是仅从对美国股市的研究来看，由于选择的研究期限和研究方法的不同，学者们得出了一些截然不同的结论。伴随着我国股市不断发展壮大，国内的研究者结合国际研究的最新经验和国内的实际情况，从不同角度对 IPOs 长期表现问题进行了持续的跟踪研究，在关于我国股市 IPOs 长期表现为强势还是弱势、什么因素与 IPOs 长期表现相关等问题上取得了大量的研究成果。但是，无论是国际还是国内，IPOs 长期表现问题对研究方法和基准收益率的选择均非常敏感，这基本上已经成为对这一课题进行研究的学者的共识。新的研究方法会不会带来新的研究结论？基于这一问题，本章使用 Fama-French 五因子模型及其拓展模型对我国股市的 IPOs 长期表现问题进行研究，并与已经得到广泛使用的 CAR 方法、BHAR 方法、CAPM 模型方法和 Fama-French 三因子模型方法进行对比，探讨这些方法所得出结论的差异。再者，由于 Fama-French 五因子模型反映了每年年底上市公司的特征因素与其未来股票收益率的关系。本章进一步将这些特征因素如规模、账面市值比、盈利能力和投资水平作为可能与 IPOs 长期表现相关的因素进行分析，探讨它们的显著性和相关关系的方向。

本章接下来的结构安排如下：第二部分介绍包括 Fama-French 五因子模型及其拓展模型在内的 IPOs 长期表现的测度方法和用来分析 IPOs 长期表现相关因素的模型，第三部分指出本章选用的样本数据并进行描述性统计分析，第四部分给出本章得到的主要实证结果并进行分析，第五部分概括本章得出的结论。

二　IPOs 长期表现的研究方法

（一）IPOs 长期表现的测度方法

回顾 IPOs 长期表现的研究文献可以发现，文献中一般根据在研究时选用的是日历时间还是事件时间，将研究方法分为日历时间法和事件时间法两大类。日历时间法和事件时间法为研究者提供了从不同角度对 IPO 这一重要事件进行研究的可能。前者将上市公司的 IPO 看作证券市场中不断发生的事件，在确定了 IPO 事件的研究期限后，在每个日历时间不断有上市公司符合要求进入样本或不再符合要求而退出样本；而后者一般将样本内所有上市公司 IPO 事件后的某个时点作为起始点，研究上市公司在一定长度样本期内的股价表现。日历时间法主要是指基于 CAPM 模型和 Fama-French 三因子模型的方法。事件时间法主要包括累计超常收益率方法（CAR）和买入并持有超常收益率方法（BHAR）。在研究 IPOs 长期表现过程中，需要选用一定数量的样本进行研究，通过分析样本内所有 IPOs 的平均表现进而得出 IPOs 长期表现为弱势还是强势的结论。在计算平均表现的方法上，国际上多使用等权重法和价值加权法，而在国内，我国上市公司股票在进行 IPO 后并不全部上市，使得上市公司股份分成了流通股和非流通股，从而在构造 IPOs 组合上也形成了三种方法，即等权重法、流通市值加权法和总市值加权法。在本章，我们先后使用日历时间法和事件时间法进行研究，并使用等权重法、流通市值加权法和总市值加权法对 IPOs 的月度收益进行加权平均处理，进而比较它们之间结论的差异。在对 IPOs 长期表现进行研究时，经常遇到的另一个重要问题是比较基准的选择。本章在使用日历时间法进行研究时选择 CAPM 模型、Fama-French 三因子模型、

Fama-French 五因子模型及其拓展模型的期望收益为基准进行研究，在使用事件时间法时结合杨丹和林茂（2006）、邹高峰等（2012）的研究，依次采用等权平均 CSMAR 综合市场指数收益率、流通市值加权平均 CSMAR 综合市场指数收益率、总市值加权平均 CSMAR 综合市场指数收益率及由总市值和账面市值比（B/M）确定的配比公司等权组合收益率进行研究。

1. 基于因子模型的方法

基于因子模型的方法是以有效市场理论和资产定价模型为基础的研究方法，该方法将公司进行 IPO 视为一个重要事件，事件发生会对 IPO 公司的股票收益产生较长期的影响，如果 IPOs 长期表现为弱（强）势则通过资产定价模型的风险调整得到的截距项 α 的值应该显著小（大）于零，否则表明 IPOs 长期表现不呈现出异常。具体操作上，已有文献大多选择 IPO 后的三年表现进行研究，在样本期的每一个日历月份，使用在前三年内进行了 IPO 的上市公司的月度收益构造组合。在构造方法方面，国际上多使用等权重法和价值加权法，而在国内，由于流通股和非流通股的存在，构造 IPO 组合可以选择等权重法、流通市值加权法和总市值加权法。如果将第 i 个 IPO 在 t 时期的月度收益率记为 R_{it}，那么构造的投资组合的月度收益率 R_{pt} 可以表示为：

$$R_{pt} = \sum_{i=1}^{N_t} \omega_{it} R_{it} \tag{6.1}$$

式（6.1）中，N_t 表示在 t 时期还存在的 IPO 的样本数量，由于 IPO 事件的发生并不是均匀分布的，所以一般情况下在整个样本期 N_t 是时变的。ω_{it} 表示第 i 个 IPO 在 t 时期的权重，当使用等权重法构造投资组合时其值为 $1/N_t$；当使用流通市值加权法和总市值加权法构造组合时其值为 $MV_{it} / \sum_{i=1}^{N_t} MV_{it}$，其中 MV_{it} 为第 i 个 IPO 在 t 时期的流通市值或总市值。

在研究 IPOs 长期表现问题时，国内外学者用得最多的因子模型是 CAPM 模型和 Fama-French 三因子模型。其中，CAPM 模型的具体形式如下：

$$R_{pt} - R_{Ft} = \alpha + b(R_{Mt} - R_{Ft}) + e_t \qquad (6.2)$$

在式（6.2）中，R_{pt} 表示由式（6.1）计算出的 IPOs 组合在 t 时期的月度收益率，R_{Ft} 表示无风险收益率，R_{Mt} 表示市场收益率。α 表示截距项，b 为因子载荷，而 e_t 为扰动项。

Fama-French 三因子模型的具体形式可以表示如下：

$$R_{pt} - R_{Ft} = \alpha + b(R_{Mt} - R_{Ft}) + sSMB_t + hHML_t + e_t \qquad (6.3)$$

在式（6.3）中，SMB_t 表示规模因子，HML_t 表示账面市值比因子，s 和 h 为相应的因子载荷。其他变量和参数的定义与式（6.2）相同。

Fama 和 French（2015a）通过选取适当的指标作为盈利因素和投资因素的代理变量进行因子模拟，结合三因子资产定价模型提出了五因子资产定价模型。Fama-French 五因子模型的具体形式如下：

$$R_{pt} - R_{Ft} = \alpha + b(R_{Mt} - R_{Ft}) + sSMB_t + hHML_t + rRMW_t + cCMA_t + e_t \qquad (6.4)$$

在式（6.4）中，RMW_t 表示盈利因子，CMA_t 表示投资因子，r 和 c 为相应的因子载荷。其他变量和参数的定义与式（6.3）相同。

考虑到账面市值比效应、盈利效应和投资效应在规模较小的股票中表现更为显著，Fama 和 French（2015b）进一步提出了五因子资产定价模型的拓展模型，其具体形式如下：

$$R_{pt} - R_{Ft} = \alpha + b(R_{Mt} - R_{Ft}) + sSMB_t + hHML_{st} + rRMW_{st} + cCMA_{st} + e_t$$

$$(6.5)$$

在式 (6.5) 中，HML_{st} 表示由规模小组数据得到的账面市值比因子，RMW_{st} 表示由规模小组数据得到的盈利因子，CMA_{st} 表示由规模小组数据得到的投资因子。其他变量和参数的定义与式 (6.4) 相同。

2. 累计超常收益率方法 （CAR）

CAR 方法是 Ritter（1991）首次提出 IPOs 长期弱势问题时用到的研究方法，该方法的主要思想是计算每个 IPO 相对于参照基准在某个时期的超常收益水平，并以之为基础进行分析的方法。这一 IPOs 长期表现测度主要通过以下计算公式实现：

$$AR_t = \sum_{i=1}^{N} \omega_{it}(R_{it} - R_{mt}), CAR = \sum_{t=1}^{T} AR_t \qquad (6.6)$$

$$t_{CAR} = \sqrt{N}CAR/csd, csd = \sqrt{T \times Var + 2 \times (T-1) \times Cov} \qquad (6.7)$$

其中，R_{it} 是第 i 个上市公司在 IPO 后第 t 月的月度收益率，R_{mt} 是第 m 个上市公司在 IPO 后第 t 月的基准收益率。在本章，基准收益率分别选用等权重市场收益率、流通市值加权市场收益率、总市值加权市场收益率和由总市值和 B/M 配比得到的收益率；AR_t 是样本内所有 IPO 上市后第 t 月的加权超常收益率的均值，当使用等权重法计算时 ω_{it} 等于 $1/N$，当使用流通市值加权或总市值加权时 ω_{it} 为第 i 个上市公司在 IPO 后第 t 月的相应市值权重；CAR 则是 N 个 IPOs 在持有期 $T-1$ 月的累计超常收益率，t_{CAR} 是其对应的 t 统计量；Var 和 Cov 分别表示 $R_{it} - R_{mt}$ 在持有期 T 内横截面方差的平均值和 AR_t 的一阶自协方差的值。

3. 买入并持有超常收益率方法 （BHAR）

另一种在研究 IPOs 长期表现问题时用得较多的方法是买入并持

有超常收益率方法（BHAR）。相对于 CAR 方法，BHAR 方法更接近于现实，其主要思想是用投资者在投资于 IPO 股票与投资于基准组合之间的同期收益差异来研究 IPOs 长期表现的。这一方法的主要计算公式如下：

$$BHAR_i = \prod_{t=1}^{T}(1+R_{it}) - \prod_{t=1}^{T}(1+R_{mt}), \overline{BHAR_T} = \sum_{i=1}^{N} w_i \times BHAR_i \quad (6.8)$$

$$t_{BHAR} = \overline{BHAR_T} / [\sigma(BHAR_T)/\sqrt{N}] \quad (6.9)$$

式（6.8）中的 $BHAR_i$ 为第 i 个 IPO 在持有期 $T-1$ 时的买入并持有超常收益率；$\overline{BHAR_T}$ 是样本内所有 IPO 的 BHAR 的均值，在本章分别使用等权重法、流通市值加权法和总市值加权法计算，相应的 w_i 分别为 $1/N$、流通市值权重和总市值权重，流通市值和总市值使用 IPO 公司首日收盘时的数据计算。对于 $\overline{BHAR_T}$ 的 t 检验，本章参照 Barber 和 Lyon（1997）的方法，其 t 统计量表现为式（6.9），其中的 t_{BHAR} 为 $\overline{BHAR_T}$ 对应的 t 统计量，而 $\sigma(BHAR_T)$ 为持有期为 T 时所有 $BHAR_i$ 的横截面标准差。

（二）IPOs 长期表现相关因素的分析模型

为了分析哪些因素与 IPOs 长期表现相关，结合 Ming 等（2011）的研究思想和本章使用的五因子模型，构建如下回归模型进行研究：

$$CAR \text{ 或 } BHAR = \alpha + b_1 LMV + b_2 LBM + b_3 OP + b_4 Inv + b_5 DAR +$$
$$b_6 TR + b_7 IR + b_8 LAGE + b_9 ISGEM + e \quad (6.10)$$

式（6.10）中，CAR 和 BHAR 分别表示由前文测度方法得到的 IPOs 的三年期累计超常收益率和买入并持有超常收益率；LMV 表示 IPO 公司的规模，通过对上市首日收盘时的总市值求自然对数得到；

LBM 表示 IPO 公司的账面市值比的自然对数，账面市值比由上市前一年的所有者权益与上市首日收盘时的总市值之间的比值得到；*OP* 表示 IPO 公司上市前一年的营业利润与所有者权益的比值，反映的是上市公司的盈利能力；*Inv* 表示 IPO 公司上市前的年末资产增长率，反映的是上市公司的投资水平；*DAR* 表示 IPO 公司上市前一年年底的资产负债率，反映的是上市公司的负债水平；*TR* 表示由上市公司 IPO 后一年的换手率减去上市首日换手率，也即除首日之外的一年期换手率水平，反映的是上市公司的流动性水平；*IR* 表示 IPO 公司的上市首日收益率；*LAGE* 是上市公司的成立年限变量，由上市公司在 IPO 之前的成立年限加 1 并求自然对数得到；*ISGEM* 是逻辑变量，IPO 公司在创业板上市为 1，否则为 0。

三 样本选取与描述性统计分析

本章的研究主要涉及两方面的数据，分别是用来构建因子模型的数据和 IPOs 相关的数据。以下依次对它们进行说明。

（一）因子模型的构建和描述性统计分析

1. 因子模型的构建

上文表达式（6.2）至式（6.4）所代表的 CAPM 模型、Fama-French 三因子模型和 Fama-French 五因子模型的构造方法使用第三章中构建 2×3 组合的方法，这里不再重复说明。而式（6.5）表示的 Fama-French 五因子模型的拓展模型的构造方法，也基于构建 2×3 组合的方法得到的数据，使用以下的式子得到相应变量。其中，*SH* 表示规模小且账面市值比高的组合对应的收益率，*SL* 表示规模小且账面市值比低的组合对应的收益率，*SR* 表示规模小且盈利能力强的组合对应的收益率，SW 表示规模小且盈利能力弱的组合对应的收益率，SC 表示规模小且投资保守的组合对应的收益率，SA 表示规模小且投资激进的组合对应的收益率。

$$HML_s = SH - SL$$
$$RMW_s = SR - SW$$
$$CMA_s = SC - SA$$

2. 因子的描述性统计分析

表 6-1 描述了基于前文方法和样本数据得到的各因子的主要统计量和相关关系。我国股市市场超额收益率（$R_M - R_F$）的均值为 0.0108，在 10% 的水平下表现出显著的正市场溢价，表明投资于我国股市获得的收益从总体上看高于存入银行获得的收益；规模因子 SMB 的均值为正的 0.0091，且在 1% 的水平下显著异于零，表明我国股市中存在显著的规模溢价，即持有规模小的上市公司的组合会获得比规模大的组合更高的回报；账面市值比因子 HML 和 HML_s 的均值都大于零，但不显著；而盈利因子 RMW 和 RMW_s 都为不显著的负值；两个投资因子 CMA 和 CMA_s 的均值虽然都为大于零的值，但后者在 5% 的水平下显著，表明我国股市投资溢价在规模小的上市公司中更为显著，而且表现为持有投资保守的上市公司组合能获得更高的回报。

表 6-1　各因子的描述性统计表现

	$R_M - R_F$	SMB	HML	RMW	CMA	HML_s	RMW_s	CMA_s
面板 A：主要统计量								
均值	0.0108*	0.0091***	0.0017	-0.0017	0.0024	0.0016	-0.0015	0.0033**
t 统计量	1.8124	3.3058	0.7335	-0.7212	1.6348	0.9307	-0.7517	2.0487

	$R_M - R_F$	SMB	HML	RMW	CMA	HML_s	RMW_s	CMA_s
面板 B：各因子相关关系								
$R_M - R_F$	1.0000	0.1201	0.0161	− 0.3685	0.2365	0.0978	− 0.3181	0.2570
SMB	0.1201	1.0000	− 0.3734	− 0.5896	0.2647	− 0.2086	− 0.3685	0.2295
HML	0.0161	− 0.3734	1.0000	− 0.1465	0.3463	0.8037	− 0.1857	0.2109
RMW	− 0.3685	− 0.5896	− 0.1465	1.0000	− 0.7378	− 0.2799	0.8628	− 0.6618
CMA	0.2365	0.2647	0.3463	− 0.7378	1.0000	0.3829	− 0.6761	0.8047
HML_s	0.0978	− 0.2086	0.8037	− 0.2799	0.3829	1.0000	− 0.3390	0.3616
RMW_s	− 0.3181	− 0.3685	− 0.1857	0.8628	− 0.6761	− 0.3390	1.0000	− 0.7530
CMA_s	0.2570	0.2295	0.2109	− 0.6618	0.8047	0.3616	− 0.7530	1.0000

注：＊表示在 10% 的水平下显著，＊＊表示在 5% 的水平下显著，＊＊＊表示在 1% 的水平下显著。这些同样适用于本章其他表。

（二）IPOs 的样本数据及描述性统计分析

为了获得尽可能多的样本并保证样本内每个上市公司在 IPO 后都有三年的时间窗口，同时考虑到前述因子模型的可用性和涨跌停板制度推出可能带来的影响，本章选取 1997 年 5 月至 2012 年 5 月间进行 IPO 的公司为样本，从中剔除金融行业和数据不全的公司数据，共得到 1793 个样本。再者，由于本章研究使用的是月度收益数据，而有些上市公司的 IPO 发生在月末的最后几天，为了避免 IPO 初期可能的影响，本章在研究时将 IPO 发生当月和次月的数据都剔除，研究 $t+2$ 月至 $t+37$ 月的三年期 IPOs 的长期表现。表 6 − 2 描述了样本内 IPOs 公司对应的主要变量的均值、最大值和最小值。

表 6 − 2 中，MV 表示以首日收盘时数据计算的 IPO 公司的总市值，其平均值为 110.7 亿元；$MV1$ 表示以首日收盘时数据计算的 IPO

公司的流通市值，其均值为 21.77 亿元；*MN* 表示 IPO 公司的募集资金总额，其均值为 8.82 亿元；*BM* 表示 IPO 公司的账面市值比，其均值为 0.09；IPO 上市公司的盈利水平 *OP* 的均值为 30%；IPO 上市公司在上市前的总资产增长率（投资水平）*Inv* 的均值为 0.28；IPO 公司在上市前的负债水平 *DAR* 平均为 51%；IPO 公司在上市后除首日之外的一年内换手率 *TR* 的均值为 10.75；IPO 公司的首日收益率 *IR* 的均值为 0.88；上市公司 IPO 前成立的平均期限 *AGE* 为 5.82 年；*ISGEM* 的均值反映的是样本内上市公司在创业板进行 IPO 的公司比例，这一比例值为 0.18。

表 6 - 2 各相关因素的主要统计表现

	A	B	C	D	E	F	G	H	I	J	K
均值	110.7	21.77	8.82	0.09	0.30	0.28	0.51	10.75	0.88	5.82	0.18
最大值	80456	11034	668	1.10	2.53	5.27	0.97	44.55	8.30	25.0	1.00
最小值	5.29	1.40	0.35	0.01	0.03	-0.42	0.04	1.79	-0.26	0.00	0.00

注：A ~ K 依次代表 *MV*、*MV1*、*MN*、*BM*、*OP*、*Inv*、*DAR*、*TR*、*IR*、*AGE* 和 *ISGEM* 变量。

为了方便后文的研究，下面将先对本章选定的可能与 IPOs 长期表现相关的因素之间的相关关系进行分析。与表 6 - 2 中不同，对前四个变量进行了取自然对数处理，而 *LAGE* 则是上市公司 IPO 前的成立年限加 1 再求自然对数得到的值。从表 6 - 3 可以看出，总市值、流通市值和募集资金总额的对数之间的相关系数都大于 0.75，表明它们之间存在较强的相关关系，而且募集资金总额的对数与首日收益率之间的相关系数也达到 - 0.47，但总市值和流通市值与首日收益率之间相关系数的绝对值都小于 0.1，因此本章选用总市值作为募集资金总额的替代变量；另一个较强的相关关系存在于账面市值比的对数与 *OP* 之间，其相关系数为 - 0.49，表明账面市值比越高的上

市公司盈利能力越弱；而其他因子之间相关系数的绝对值都小于
0.7，表明它们之间的相关关系相对较弱。

表6-3　各相关因素的相关系数

	A	B	C	D	E	F	G	H	I	J	K
A	1.00	0.92	0.86	-0.15	0.16	0.02	0.00	-0.06	-0.07	0.09	-0.05
B	0.92	1.00	0.78	-0.12	0.07	0.01	0.07	-0.24	0.05	-0.03	-0.16
C	0.86	0.78	1.00	-0.02	0.22	0.04	-0.01	-0.03	-0.47	0.17	0.07
D	-0.15	-0.12	-0.02	1.00	-0.49	-0.16	0.12	0.02	-0.33	0.03	-0.25
E	0.16	0.07	0.22	-0.49	1.00	0.22	-0.08	0.06	-0.16	-0.02	0.18
F	0.02	0.01	0.04	-0.16	0.22	1.00	-0.03	0.06	-0.04	0.00	0.19
G	0.00	0.07	-0.01	0.12	-0.08	-0.03	1.00	-0.20	0.12	-0.20	-0.35
H	-0.06	-0.24	-0.03	0.02	0.06	0.06	-0.20	1.00	-0.23	0.43	0.31
I	-0.07	0.05	-0.47	-0.33	-0.16	-0.04	0.12	-0.23	1.00	-0.29	-0.28
J	0.09	-0.03	0.17	0.03	-0.02	0.00	-0.20	0.43	-0.29	1.00	0.29
K	-0.05	-0.16	0.07	-0.25	0.18	0.19	-0.35	0.31	-0.28	0.29	1.00

注：A～K 依次代表 LMV、$LMV1$、LMN、LBM、OP、Inv、DAR、TR、IR、$LAGE$ 和 $ISGEM$
变量。

四　实证结果及分析

（一）IPOs 长期表现的实证结果与分析

在使用等权重法构建 IPOs 组合还是使用价值加权法构建 IPOs 组
合更有优势上尚存在争议，Loughran 和 Ritter（1995）认为由于价值
加权法可能会掩盖在规模较小的公司上表现出的异象，所以等权重
法更优，但 Fama（1998）认为价值加权法更能展现出投资者在投资
过程中所经历的财富变化因而优于等权重法。考虑到我国股市中

IPO 公司的股份一般划分为流通股和非流通股，所以，在下文的研究中本章综合使用等权重法、流通市值加权法和总市值加权法进行全面研究并比较它们的表现差异。

1. 基于因子模型的实证结果

使用由第三部分得到的因子构建 CAPM 模型、Fama-French 三因子模型、Fama-French 五因子模型及其拓展模型，然后用这些模型依次对使用等权重法、流通市值加权法和总市值加权法构建的日历时间 IPOs 组合的月度收益进行回归，得到的各因子的系数及其显著性和调整的拟合优度列于表 6 – 4 中。

表 6 – 4　因子定价模型的回归结果

模型	α	b	s	h	r	c	$\text{Adj} - \text{R}^2$
面板 A：等权重法							
CAPM	0.0031*	0.5552***					0.7527
F – F 三因子	0.0003	0.5364***	0.3614***	– 0.2135***			0.8606
F – F 五因子	– 0.0008	0.5639***	0.5110***	– 0.0736	0.1688*	– 0.2151*	0.8744
F – F 五因子拓展	0.0002	0.5697***	0.4860***	– 0.0966	0.0911	– 0.4145***	0.8957
面板 B：流通市值加权法							
CAPM	0.0134***	0.9696***					0.8368
F – F 三因子	0.0131***	0.9654***	0.1288	– 0.4915***			0.8775
F – F 五因子	0.0099***	1.0274***	0.4709***	– 0.2565**	0.5834***	0.0255	0.8954
F – F 五因子拓展	0.0106***	1.0174***	0.3831***	– 0.2865***	0.6071***	0.0622	0.8928
面板 C：总市值加权法							
CAPM	0.0047**	0.6323***					0.7434
F – F 三因子	0.0067**	0.6444***	– 0.1917*	– 0.2452**			0.7604
F – F 五因子	0.0032	0.6979***	0.1080	– 0.1131	0.6821***	0.4712*	0.7916
F – F 五因子拓展	0.0057**	0.6736***	– 0.0970	– 0.3385**	0.3409**	0.1481	0.7843

注：F – F 代表 Fama-French。

从表 6-4 可以看出，在拟合等权重 IPOs 组合上，CAPM 模型、Fama-French 三因子模型、Fama-French 五因子模型、Fama-French 五因子拓展模型的调整拟合优度逐渐提高；而在拟合流通市值加权的 IPOs 组合和总市值加权的 IPOs 组合上，由 Fama-French 五因子模型及其拓展模型得到的调整拟合优度仍然高于前两个模型，而且由 Fama-French 五因子模型得到的调整拟合优度高于其拓展模型。在对这一结果的解释上，Fama（1998）指出用等权重法构建投资组合时会给规模较小的上市公司赋予更高的权重。而 Fama-French 五因子拓展模型中的 HML_s 因子、RMW_s 因子和 CMA_s 因子是使用规模较小的上市公司构建的因子，因此在拟合等权重 IPOs 长期表现组合上更具优势。从各模型得到的 α 值的符号及其显著性可以看出，在等权重法下除 CAPM 模型之外得到的 IPOs 长期表现都拒绝强势或弱势的假设。在以 Fama-French 五因子模型对总市值加权法构建的 IPOs 组合进行回归时，也得到了同样的结论。但用其他因子模型对由总市值加权法构建的 IPOs 组合进行回归，以及用所有因子模型对由流通市值加权法构建的 IPOs 组合进行回归和用 CAPM 模型对由等权重法构建的 IPOs 组合进行回归的情况下，得到的结果都表明我国股市 IPOs 长期表现为强势。

2. CAR 方法和 BHAR 方法的实证结果

CAR 方法和 BHAR 方法都是在 IPOs 长期表现研究中用得较多的方法。至于两者孰优孰劣，以前的研究者从不同的角度进行了分析，Barber 和 Lyon（1997）从投资者的角度出发，指出 BHAR 方法能够更好地反映投资者的经历。而作为有效市场理论创立者的 Fama（1998）则认为 BHAR 方法相比 CAR 方法而言会更多地拒绝市场效率，因此其表现不及 CAR 方法。本章结合研究设计中 CAR 方法和

BHAR 方法的定义，以等权平均 CSMAR（国泰安股票市场交易数据库）综合市场指数收益率、流通市值加权平均 CSMAR 综合市场指数收益率、总市值加权平均 CSMAR 综合市场指数收益率及由总市值和账面市值比（B/M）确定的配比公司等权组合收益率（在本章里，使用第三部分的数据构造 5×5 组合得到）为基准计算出等权重法、流通市值加权法和总市值加权法的 1~3 年期的 CAR 和 BHAR 的值及对应的显著性水平，分别将结果列于表 6-5 和表 6-6 中。

从表 6-5 可以看出，只有选择的基准收益率为等权市场收益率且使用总市值加权法构造 IPOs 长期表现组合时，三年期 CAR 的值显著小于零，支持 IPOs 长期表现为弱势；在选择的基准收益率为等权市场收益率且使用等权重法构造 IPOs 长期表现组合及选择的基准收益率为总市值和 B/M 配比收益率且使用等权重法、总市值加权法构造 IPOs 长期表现组合的三种情况下，三年期 CAR 的值表现才不显著，也就是 IPOs 长期表现既不表现为强势也不表现为弱势；而在其他八种情况下，三年期 CAR 的值都为显著异于零的正值，即支持我国股市 IPOs 长期表现为强势。当基准收益率为等权市场收益率、总市值和 B/M 配比收益率时，由等权重法和总市值加权法得到的一年期和二年期 CAR 的值小于零，而在其他情况下得到的一年期和二年期 CAR 的值都大于零。但是，在选用等权市场收益率为基准且使用流通市值加权法、选用流通市值加权市场收益率为基准且使用等权重法、选用总市值加权市场收益率为基准且使用等权重法、选用总市值和 B/M 配比收益率为基准且使用总市值加权法的四种情况下，得到的一年期 CAR 值不显著，而二年期 CAR 值都显著异于零。

表 6 – 5 CAR 方法的实证结果

	一年	二年	三年
面板 A：等权重法			
等权市场收益率	– 0.0549 ***	– 0.0370 **	– 0.0133
流通市值加权市场收益率	0.0027	0.0892 ***	0.2177 ***
总市值加权市场收益率	0.0173	0.1093 ***	0.2399 ***
总市值和 B/M 配比收益率	– 0.0538 ***	– 0.0349 **	– 0.0005
面板 B：流通市值加权法			
等权市场收益率	0.0043	0.0367 ***	0.1052 ***
流通市值加权市场收益率	0.0969 ***	0.2238 ***	0.4413 ***
总市值加权市场收益率	0.1272 ***	0.2709 ***	0.4963 ***
总市值和 B/M 配比收益率	0.0458 ***	0.1226 ***	0.2444 ***
面板 C：总市值加权法			
等权市场收益率	– 0.0632 ***	– 0.1484 ***	– 0.1418 ***
流通市值加权市场收益率	– 0.0448 ***	0.0719 ***	0.2223 ***
总市值加权市场收益率	0.0836 ***	0.1422 ***	0.2995 ***
总市值和 B/M 配比收益率	– 0.0068	– 0.0395 ***	0.0153

从表 6 – 6 可以看出，只有选择的基准收益率为流通市值加权市场收益率和总市值加权市场收益率且使用等权重法构造 IPOs 长期表现组合时，三年期 BHAR 的值才显著大于零，支持 IPOs 长期表现为强势；在选择的基准收益率为总市值和 B/M 配比收益率且使用等权重法构造 IPOs 长期表现组合、选择的基准收益率为总市值加权市场收益率且使用流通市值加权法和总市值加权法构造 IPOs 长期表现组合的三种情况下，三年期 BHAR 的值才不显著，也就是 IPOs 长期表现既不表现为强势也不表现为弱势；而在其他七种情况下，三年期 BHAR 的值都为显著异于零的负值，即支持我国股市 IPOs 长期表现

为弱势。对一年期的 BHAR 来说，只在加权方法为等权重法且基准收益率为总市值加权市场收益率时得到的值才为正值，再者在基准收益率为流通市值加权市场收益率且使用等权重法、基准收益率为总市值加权市场收益率且使用流通市值加权法和总市值加权法四种情况下，得到的值不显著异于零。而对二年期 BHAR 来说，在加权方法为等权重法而且基准收益率为流通市值加权市场收益率或总市值加权市场收益率，以及在流通市值加权法且基准收益率为等权市场收益率时得到的值才为显著的正值，而在其他情况下则为显著的负值。

表 6 - 6　BHAR 方法的实证结果

	一年	二年	三年
面板 A：等权重法			
等权市场收益率	- 0. 0742***	- 0. 0440***	- 0. 0820***
流通市值加权市场收益率	- 0. 0126	0. 0907***	0. 2368***
总市值加权市场收益率	0. 0086	0. 1100***	0. 2823***
总市值和 B/M 配比收益率	- 0. 0657***	- 0. 0409**	- 0. 0251
面板 B：流通市值加权法			
等权市场收益率	0. 0974***	0. 3469***	- 0. 5109***
流通市值加权市场收益率	- 0. 0300***	- 0. 1129***	- 0. 0777**
总市值加权市场收益率	- 0. 0080	- 0. 0573***	- 0. 0088
总市值和 B/M 配比收益率	- 0. 0517***	- 0. 1865***	- 0. 2312***
面板 C：总市值加权法			
等权市场收益率	0. 0962***	- 0. 3825***	- 0. 5448***
流通市值加权市场收益率	- 0. 0337***	- 0. 1433***	- 0. 1090***
总市值加权市场收益率	- 0. 0137	- 0. 0818***	- 0. 0405
总市值和 B/M 配比收益率	- 0. 0537***	- 0. 2217***	- 0. 2750***

综前所述，用因子模型法、CAR 方法和 BHAR 方法研究我国股市 IPOs 三年期长期表现得到的结论各不相同。但从总体上来看，因子模型法和 CAR 方法更多地认为我国股市不存在 IPOs 长期表现异象或 IPOs 长期表现为强势；而 BHAR 方法则更多地支持我国股市不存在 IPOs 长期表现异象或 IPOs 长期表现为弱势。

（二）IPOs 长期表现相关因素的实证结果与分析

为了研究哪些因素与 IPOs 长期表现存在显著的相关关系，本章依次对以等权平均 CSMAR 综合市场指数收益率、流通市值加权平均 CSMAR 综合市场指数收益率、总市值加权平均 CSMAR 综合市场指数收益率及由总市值和账面市值比（B/M）确定的配比公司等权组合收益率为基准得到的三年期 CAR 和 BHAR 的值使用式（6.10）进行回归。在这里，使用方差膨胀因子（VIF）进行多重共线性检验。从检验结果看，所有变量的 VIF 值都明显小于 5，所以回归分析中不存在严重的多重共线性问题。由回归分析得到了各变量的系数及其显著性、调整拟合优度，结果呈现于表 6 - 7 中。

从表 6 - 7 中所有回归结果可以看出，只有是否在创业板上市（ISGEM）因素在 8 个回归中都表现出在 1% 的水平下才显著，而且系数都为正值，表明我国股市中在创业板 IPO 的公司的三年期长期表现明显优于不在创业板 IPO 的公司；IPO 公司的规模因素（LMV）的系数在 8 个回归中有 7 个表现出在 1% 的水平下显著小于零，表明规模越大的 IPO 公司其三年期长期表现越差，呈现出规模效应特征。需要说明的是，以前的研究者以 IPO 募集资金总额作为相关因素进行了大量研究，如邹高峰等（2012），他们得出的结论认为募集资金总额与 IPOs 三年期长期表现存在显著的负相关关系，而从表 6 - 3 中可以看出，总市值与募集资金总额之间存在非常强的相关关系，总

表 6 - 7　IPOs 长期表现相关因素的回归结果

	CAR 回归分析结果				BHAR 回归分析结果			
	等权重	流通市值加权	总市值加权	总市值和 B/M 配比	等权重	流通市值加权	总市值加权	总市值和 B/M 配比
α	2.7324***	2.2409***	2.2958***	1.2601***	2.3172***	2.7189***	3.4713***	0.7899
LMV	-0.1183***	-0.0910***	-0.0937***	-0.0476***	-0.1147***	-0.1126***	-0.1420***	-0.0297
LBM	0.0241	0.1131***	0.1500***	0.0431	-0.0862	0.2078***	0.2780***	0.0195
OP	0.2108*	0.4718***	0.5513***	0.3261***	0.3232	1.0414***	1.1603***	0.6479**
INV	0.0058	0.0610	0.0831*	0.0404	0.0630	0.1588	0.1865*	0.1183
DAR	-0.3021***	-0.3028***	-0.2822***	-0.2671***	-0.2916	-0.3385***	-0.3058	-0.3254
TR	-0.0014	0.0132***	0.0176***	-0.0036	-0.0127**	0.0114**	0.0142**	-0.0160***
IR	-0.0430**	0.0128	0.0406**	-0.0639***	-0.0539	0.0648	0.0842*	-0.0842*
LAGE	0.0095	0.0386**	0.0477**	-0.0080	0.0307	0.0520	0.0645	0.0098
ISGEM	0.2053***	0.2269***	0.1903***	0.1559***	0.3684***	0.4074***	0.3463***	0.3135***
Adj - R^2	0.0696	0.0971	0.1060	0.0384	0.0224	0.0338	0.0378	0.0175

市值与募集资金总额之间互为替代变量；上市公司盈利能力因素（OP）的系数在选择等权重市场收益率之外的其他基准时得到的回归结果中，都表现为在 1% 或 5% 的水平下显著的正值，表明盈利能力是与 IPOs 长期表现显著正相关的因素；账面市值比因素（LBM）只在基准为流通市值加权市场收益率和总市值加权市场收益率时表现为在 1% 的水平下显著的正值，表明账面市值比因素与由相应方法测度得到的 IPOs 长期表现有显著的正相关关系；负债水平因素（DAR）的系数只在对 CAR 的回归中表现为在 1% 的水平下显著的负值，表明在以 CAR 对 IPOs 三年期长期表现进行测度时，负债水平越高 IPO 公司的长期表现越差；除首日之外的一年期换手率因素（TR）和首日收益率因素（IR）系数的正负性和显著性与所选择的基准收益率及测度 IPOs 长期表现使用的是 CAR 还是 BHAR 相关，选择不同会得出不同的结论；公司 IPO 前的成立年限因素（$LAGE$）的系数只在用流通市值加权市场收益率和总市值加权市场收益率为基准且使用 CAR 进行研究时，才得到在 5% 的水平下显著的正值；而投资因素（Inv）的系数在表 6 - 7 中的所有回归中只在总市值加权法下显著；总之，除是否在创业板上市因素（$ISGEM$）和投资因素（Inv）外其他因素系数的显著性或正负号基本上都受基准收益率的选择和 IPOs 长期表现测度方法的影响。

五　本章小结

本章将 Fama-French 五因子模型及其拓展模型与 CAPM 模型、Fama-French 三因子模型、CAR 方法和 BHAR 方法相结合对我国 1997 年 5 月至 2012 年 5 月进行 IPO 的 1793 个非金融行业公司的 IPOs 长期表现及其相关因素进行了研究。在研究过程中，分别使用了等权重法、流通市值加权法和总市值加权法构建 IPOs 组合，并选择等权平均 CSMAR 综合市场指数收益率、流通市值加权平均 CS-MAR 综合市场指数收益率、总市值加权平均 CSMAR 综合市场指数收益率及由总市值和账面市值比（B/M）确定的配比公司等权组合收益率为基准进行了研究。研究主要得出以下结论。

（1）在拟合等权重 IPOs 组合时，Fama-French 五因子模型的拓展模型拟合效果最好，而且 Fama-French 五因子模型及其拓展模型与 Fama-French 三因子模型一样都支持我国股市中不存在 IPOs 长期强势和弱势现象。

（2）在拟合流通市值加权和总市值加权的 IPOs 组合时，Fama-French 五因子模型优于其拓展模型、CAPM 模型和 Fama-French 三因子模型。在这种情况下，基本上所有因子模型都支持我国股市 IPOs 长期表现为强势，但由总市值加权且使用 Fama-French 五因子模型进行研究时，发现 IPOs 长期表现既不为强势也不为弱势。

（3）基于 CAR 方法和 BHAR 方法研究的 IPOs 长期表现存在较大差异，由 CAR 方法得到的结论大多认为我国股市存在 IPOs 长期强势现象，而由 BHAR 方法得到的结论大多支持我国股市存在 IPOs 长期弱势现象。

（4）在 IPOs 长期表现相关因素中，是否在创业板上市是在所有 CAR 和 BHAR 模型中表现最稳健的因素，在创业板上市的公司的 IPOs 长期表现明显优于不在创业板上市的公司。而 IPOs 公司的规模、盈利能力、账面市值比和负债水平等因素与 IPOs 长期表现都存在不同程度的显著相关关系。从研究结果来看，公司规模和负债水平因素与 IPOs 长期表现一般为负相关，而盈利能力和账面市值比因素与 IPOs 长期表现一般为正相关。

第七章　基于五因子资产定价模型和GCT回归模型的基金绩效分解

基金绩效分解研究的是基金绩效与哪些因素存在显著的相关关系。在进行基金绩效分解时，已往的研究多使用两步法。使用两步法进行研究时，在第一步通常使用 CAPM 模型、Fama-French 三因子模型或 Fama-French-Carhart 四因子模型得到风险调整绩效，在第二步使用固定效应模型等对风险调整绩效进行回归分析。与两步法的研究思路不同，Hoechle 等（2016）提出的 GCT 回归模型为研究者提供了一种通过一步回归直接实现基金绩效分解的方法，可以克服两步法存在的不足之处。本章在将 Fama-French 五因子模型和 Fama-French-Carhart 六因子模型应用于计算基金风险调整绩效的同时，结合 GCT 回归模型进行了研究。

一　引言

随着我国资本市场的不断发展，基金市场日益壮大，为投资者提供了更多样的理财工具。基金有封闭式基金和开放式基金之分。相比封闭式基金而言，开放式基金易于赎回的特征为投资者灵活选择投资对象和投资周期提供了极大的便利。自 2001 年 9 月首只开放式基金在我国问世以来，其后的十几年发展历史见证了这一基金形式所具有的强大生命力。据 Wind 数据库统计，从 2001 年底至 2015年底，我国开放式基金数量由 3 只增长至 2670 只，基金份额由117.26 亿份增长至 75231.47 亿份，基金资产净值由 118.01 亿元增长至 81139.77 亿元。经过十几年的发展，至 2015 年底我国开放式基金管理的基金份额占比达到 97.88%，管理的净资产总值占比达到97.22%。在数量上增加和规模上迅速扩大的同时，开放式基金的品种也不断丰富，既有主动积极管理型基金也有被动指数型基金，既有主要投资于股票的股票型基金也有主要投资于债券的债券型基金。在这些种类繁多和数量庞大的基金中，如何做出有效的选择是摆在投资者和学术界面前的重要课题。回顾相关研究文献，可以发现大量的学者从基金的特征出发，通过分析基金的某些特征与其未来绩效的关系，为投资实践提供了可资借鉴的参考。在这些特征里，基金的历史绩效、规模、家族规模、资金净流入、成立年限、费用率和换手率等得到了大量的研究。由于选择样本和研究方法的差异，不同的学者得到的研究结论并不一致。在以前的研究中，具体的研究过程一般需要通过两步来实现。第一步，通过 CAPM 模型、Fama-French 三因子模型或 Fama-French-Carhart 四因子模型等得到风险调整绩效；第二步，将得到的风险调整绩效与所要研究的基金特征建立回归方程进行估计。Driscoll 和 Kraay （1998）、Hoechle 等 （2016）指出，这种两步法由于在回归过程中忽视了横截面上的相关关系和第一步的估计误差，可能会严重地高估研究变量的显著性。Agnesens（2013）进一步指出，在两步法中使用历史数据计算因子系数进而得到风险调整绩效时，如果因子系数与基金特征相关就会得到有偏差的研究变量的系数估计值。Hoechle 等 （2016）提出的 GCT 回归模型为同时对第一步和第二步进行合并回归提供了可能。基于 GCT 回归模型，Agnesens（2013）再次对美国共同基金绩效相关因素进行了分解，发现在 GCT 回归模型得到的结果里，一些在使用两步法情况下与基金绩效显著相关的基金特征不再显著。从他的分析可以看出，在研究基金特征与基金绩效的关系上，GCT 回归模型比两步法更有优势。但是，国内尚未有使用这一模型进行的研究，本章将填补这一方面的文献空白。在国内已有文献中使用两步法研究基金特征与基金绩效关系时较多地使用了固定效应模型，因此，本章将在介绍 GCT 回归模型的基础上，以我国偏股型开放式共同基金为研究对象分析与其绩效可能相关的一些基金特征的表现，并通过与固定效应模型进行对比，分析两个模型所得结果的差异。

通过分析第二章中的相关文献，可以发现已有研究主要呈现以下三个特征。

（1）由于 CAPM 模型、Fama-French 三因子模型和 Fama-French-Carhart 四因子模型为评价基金绩效提供了一个合理的参考基准，在对基金表现的相关因素进行分析时也常使用这些模型得到风险调整绩效，进而展开对基金绩效相关因素的研究。

（2）在研究方法上，已有研究多集中在两步法上，即先使用因子模型得到风险调整绩效，然后使用横截面回归方法等对风险调整绩效进行回归分析。在第二步，国外的研究者多使用 Fama-MacBeth 两阶段回归等方法，而国内近期的研究较多地使用固定效应模型。但是两步法并不是完美的研究方法，Agnesens（2013）在这方面向前迈进一步，在不需要分成两步的情况下，直接使用 GCT 回归模型对基金绩效相关因素进行了研究。检索国内文献可以发现，国内尚未有学者使用这一方法对我国基金绩效的相关因素进行研究。

（3）在国内外文献中，历史绩效、规模、家族规模、资金净流入、成立年限、是否中外合资、个人投资者占有比例、费用率、股票投资比例和换手率等因素与基金绩效的关系得到了大量的研究。但由于选择样本和研究方法等方面的差异，在这些因素的显著性和相关关系的方向上得出了不尽一致的结论。

本章将在继承前人研究成果的基础上，将 CAPM 模型、Fama-French 三因子模型、Fama-French-Carhart 四因子模型、Fama-French 五因子模型及 Fama-French-Carhart 六因子模型用于计算我国偏股型开放式基金的风险调整绩效，进一步用于研究历史绩效、规模、家族规模、资金净流入、成立年限、是否中外合资、个人投资者占有比例、费用率、股票投资比例和换手率等特征与基金绩效的关系，并对比在使用固定效应模型和 GCT 回归模型时所得到的研究结果上的差异。

本章接下来的结构安排如下：第二部分结合国内外主要研究成果对本章使用的变量进行设定，并简要介绍 GCT 回归模型和固定效应模型的研究思路；第三部分指出本章选用的样本数据并进行描述性统计分析；第四部分给出本章得到的主要实证结果并进行分析；第五部分对本章进行总结。

二 变量定义和研究方法

（一）变量定义

为了分析哪些因素与基金绩效显著相关，需要先对基金绩效的衡量方法进行说明，并定义研究所用的各种变量。结合国内外主要研究文献，本章使用风险调整绩效作为被解释变量，选取基金的历史绩效、规模、资金净流入、成立年限、是否中外合资、家族规模、个人投资者占有比例、费用率、股票投资比例和换手率 10 个因素作为解释变量，分析这些因素与基金绩效之间存在的相关关系。

1. 基金的风险调整绩效：*Alpha*

本章将对比分析固定效应模型和 GCT 回归模型得到的研究结果的差异，而在输入的被解释变量上两者略有不同，下文将分开进行说明。

（1）当研究模型为固定效应模型时。

为了计算风险调整绩效阿尔法值 *Alpha*，本章分别使用 CAPM 模型、Fama-French 三因子模型、Fama-French-Carhart 四因子模型、Fama-French 五因子模型及 Fama-French-Carhart 六因子模型进行研究。同时为了规避前窥偏差，本章首先使用 $t-30$ 时期至 $t-1$ 时期的月度数据估计各模型对应的因子系数，然后分别使用式（7.1）至式（7.5）得到各模型对应的各时期的阿尔法值。

由 CAPM 模型得到的阿尔法值计算式如下：

$$\hat{\alpha}_{it} = R_{it} - R_{Ft} - \hat{b}(R_{Mt} - R_{Ft}) \tag{7.1}$$

在式（7.1）中，R_{it} 表示基金 i 在 t 时期的月度收益率，R_{Ft} 表示无风险收益率，R_{Mt} 表示市场收益率。$\hat{\alpha}_{it}$ 表示估计得到的基金 i 在 t 时期的阿尔法值，$\hat{b}$ 表示用 $t-30$ 时期至 $t-1$ 时期的月度数据估计得到的因子系数。

由 Fama-French 三因子模型得到的阿尔法值计算式如下：

$$\hat{\alpha}_{it} = R_{it} - R_{Ft} - \hat{b}(R_{Mt} - R_{Ft}) - \hat{s}SMB_t - \hat{h}HML_t \tag{7.2}$$

在式（7.2）中，SMB_t 表示规模因子，HML_t 表示账面市值比因子，$\hat{s}$ 和 $\hat{h}$ 分别表示用 $t-30$ 时期至 $t-1$ 时期的月度数据估计得到的相应的因子系数。其他变量和参数的定义与式（7.1）相同。

由 Fama-French-Carhart 四因子模型得到的阿尔法值计算式如下：

$$\hat{\alpha}_{it} = R_{it} - R_{Ft} - \hat{b}(R_{Mt} - R_{Ft}) - \hat{s}SMB_t - \hat{h}HML_t - \hat{m}MOM_t \qquad (7.3)$$

在式（7.3）中，MOM_t 表示动量因子，$\hat{m}$ 表示用 $t - 30$ 时期至 $t - 1$ 时期的月度数据估计得到的相应的因子系数。其他变量和参数的定义与式（7.2）相同。

由 Fama-French 五因子模型得到的阿尔法值计算式如下：

$$\hat{\alpha}_{it} = R_{it} - R_{Ft} - \hat{b}(R_{Mt} - R_{Ft}) - \hat{s}SMB_t - \hat{h}HML_t - \hat{r}RMW_t - \hat{c}CMA_t \quad (7.4)$$

在式（7.4）中，RMW_t 和 CMA_t 分别表示盈利因子和投资因子，$\hat{r}$ 和 $\hat{c}$ 则分别表示用 $t - 30$ 时期至 $t - 1$ 时期的月度数据估计得到的相应的因子系数。其他变量和参数的定义与式（7.2）相同。

进一步将动量因子加入式（7.4）中，可以得到基于 Fama-French-Carhart 六因子模型的阿尔法值计算式如下：

$$\hat{\alpha}_{it} = R_{it} - R_{Ft} - \hat{b}(R_{Mt} - R_{Ft}) - \hat{s}SMB_t - \hat{h}HML_t - \hat{r}RMW_t - \hat{c}CMA_t - \hat{m}MOM_t$$
$$(7.5)$$

在式（7.5）中，各变量和参数的定义与式（7.3）和式（7.4）相同。

由于在本章里，研究的解释变量出现频率为半年，而由以上模型估计得到的是月度阿尔法值。这里借鉴 Agnesens（2013）和江萍等（2011）的研究经验，将 t 时期各月的阿尔法值加总得到 t 时期对应的绩效，并记为 $Alpha$。这里将用式（7.1）至式（7.5）所表示的各模型得到的阿尔法值，依次记为 $Alpha\_1F$、$Alpha\_3F$、$Alpha\_4F$、$Alpha\_5F$ 和 $Alpha\_6F$。

（2）当研究模型为 GCT 回归模型时。

在 GCT 回归模型里因子模型对应的变量和各解释变量同时作为输入值，因此，需要将月度发生频率的数据转变为半年发生频率的数据。在这里，本章参考 Agnesens（2013）的方法分别将 t 时期各月的基金超额收益（$R_{it} - R_{Ft}$）、规模因子 SMB_t、账面市值比因子 HML_t、盈利因子 RMW_t、投资因子 CMA_t 和动量因子 MOM_t 加总得到半年度发生频率的因子模型数据。针对风险调整使用的是 CAPM 模型，还是 Fama-French 三因子模型、Fama-French-Carhart 四因子模型、Fama-French 五因子模型抑或 Fama-French-Carhart 六因子模型，在进行估计时将相应的因子输入 GCT 回归模型即可。实际上，在估计过程中仍然会得到用于衡量基金绩效的阿尔法值。

2. 历史绩效：Lag*Alpha*

对于开放式基金的投资者来说，他们通常会根据基金的历史表现做出基金投资选择。分析基金的历史绩效与其未来绩效表现的关系可以认识基金绩效是否具有可持续性，进而评价根据历史绩效选择基金的可操作性。Chen 等（2004）认为美国的共同基金绩效与其历史绩效存在显著的正相关关系，而 Prather 等（2004）却得出了相反的结论。Dahlquist 等（2000）发现瑞典共同基金绩效与其历史绩效存在显著的正相关关系。在对国内基金的研究中，江萍等（2011）认为基金绩效与其历史绩效存在显著的负相关关系，而曾德明等（2006）、刘莎莎等（2013）认为基金绩效与其历史绩效存在显著的正相关关系，基金绩效表现具有可持续性。在本章，将分别使用 $t-1$ 时期的 *Alpha* 表示历史绩效，并记之为 Lag*Alpha*。当对应于 CAPM 模型、Fama-French 三因子模型、Fama-French-Carhart 四因子模型、Fama-French 五因子模型和 Fama-French-Carhart 六因子模型时，进一步分别记为 Lag*Alpha*_1*F*、Lag*Alpha*_3*F*、Lag*Alpha*_4*F*、Lag*Alpha*_5*F* 和 Lag*Alpha*_6*F*。

3. 规模：Ln*TNA*

共同基金业的迅速发展不仅体现在发行的基金数量的增加上，

也体现在基金规模的不断壮大上。但是，Dahlquist 等（2000）、Chen 等（2004）、Pollet 和 Wilson（2008）、Massa 和 Patgiri（2009）、Cremers 和 Petajisto（2009）、Huang 等（2011）、Agnesens（2013）的研究都表明基金规模与基金绩效表现存在显著的负相关关系，国内学者张美霞（2007）、江萍等（2011）也发现了这一现象。不过也有学者得出了相反的结论，如任颋和邵景丽（2012）、段洁新等（2013）的研究。为了对这一现象进行研究，需要定义基金的规模变量。在这里使用 $t-1$ 时期末的基金净资产总额的自然对数进行研究，并将其记为 $\mathrm{Ln}TNA$。

4. 资金净流入：$InFlows$

开放式基金与封闭式基金的一个主要差异在于方便交易者申购和赎回基金。这种申购和赎回是投资者根据其评价体系做出的投资决策行为的反应，正是这种活动使得不断有资金流入和流出开放式基金。近期的研究者表明，开放式基金这些流量特征蕴含了基金本身未来绩效的一些信息。Massa 和 Patgiri（2009）、Huang 等（2011）发现在美国共同基金中资金净流入与其绩效显著负相关。Zheng（1999）发现在美国共同基金中资金净流入越多其未来绩效表现会越好。江萍等（2011）对我国共同基金的研究，也得出了同样的结论。但是，刘莎莎等（2013）发现在使用其他绩效测度时，基金资金净流入与其未来半年绩效有显著的正相关关系，但在使用 Fama-French-Carhart 四因子模型得到的风险调整绩效进行研究时，它们之间的关系并不显著。这里借鉴江萍等（2011）的研究，使用下式计算基金的资金净流入：

$$InFlows_{i,t} = TNA_{i,t} - TNA_{i,t-1} \times NAV_{i,t}/NAV_{i,t-1} \qquad (7.6)$$

式（7.6）中，$TNA_{i,t}$ 是基金 i 在 t 时期末的净资产总额，$NAV_{i,t}$

是基金 i 在 t 时期末的份额净值。这里需要指出的是，在具体的研究中资金净流入也使用的是滞后值。

5. 成立年限：Ln*Age*

Massa 和 Patgiri（2009）、Agnesens（2013）对美国基金的研究表明，基金成立年限与其绩效表现存在显著的正相关关系。彭振中等（2010）对国内基金数据的研究也发现了同样的结论。而 Kacperczyk 等（2005）、Cremers 和 Petajisto（2009）的研究发现，基金成立年限与其绩效存在显著的负相关关系。江萍等（2011）和刘莎莎等（2013）对国内基金的研究也发现了这种负相关关系。在这里，本章对从基金成立时间至 $t-1$ 时期末的年限与 1 的和求自然对数得到成立年限变量，并记之为 Ln*Age*。

6. 是否中外合资：*IsJV*

在我国基金市场上，基金管理公司属于中外合资的占有较大比重。中外合资的基金管理公司在公司治理机制、得到的人才和技术支持上都可能有较大优势。江萍等（2011）的研究表明，当基金所属基金管理公司是中外合资时，基金的绩效会有更好的表现。在这里，本章借鉴他们的思路，选用是否中外合资属性作为研究这一问题的变量，并将这一变量记为 *IsJV*。在这里，*IsJV* 是当基金所属基金管理公司是中外合资时值为 1 否则为 0 的哑变量。

7. 家族规模：Ln*FTNA*

基金所属基金管理公司的家族规模从一个侧面反映了基金所属管理公司的实力，基金管理公司实力越强越有可能在信息、人力等资源方面产生规模效应，从而造成基金所属基金管理公司的家族规模越庞大，其绩效表现可能会越好。Chen 等（2004）、Pollet 和 Wilson（2008）、Massa 和 Patgiri（2009）、Huang 等（2011）、Agnesens（2013）使用基金家族的净资产规模进行的研究，证实了基金家族规模与其绩效具有显著的正相关关系。在以 Fama-French-Carhart 四因子模型对我国基金进行研究时，刘莎莎等（2013）也发现了基金家族规模与其绩效存在显著的正相关关系。这里参照 Agnesens（2013）的研究，使用基金管理公司净资产总额与相应基金净资产总额之差的自然对数来定义这一变量，并记之为 Ln$FTNA$。

8. 个人投资者占有比例：$IndScale$

基金市场的参与者不仅有个人投资者，也有机构投资者。从公司治理角度来说，当个人投资者占有的比例较大时表明大部分的基金资产被分散到了众多的散户手中，这将不利于投资者与基金经理之间的委托代理关系。从投资选择来看，机构投资者相比个人投资者在专业知识和投资经验上更具优势，当个人投资者占有比例较小时，机构投资者会占有较大比例。这表明他们更看好这一基金，相应的，这一基金未来表现可能会较好。曾建光等（2013）以机构投资者占有比例对我国基金数据的研究为前边的理论分析提供了支持。但是，段洁新等（2013）的研究得出了相反的结论。这里，本章再次对这一因素进行分析，并将之记为 $IndScale$。

9. 费用率：$ExpRatio$

投资者买卖基金不仅要支付申购费和赎回费，也要向基金经理和托管人支付管理费和托管费，而管理费和托管费构成了主要的委托代理成本。这部分成本可能对基金绩效产生两个方面的影响：一是分摊基金总收益从而最终影响基金绩效；二是降低投资者和基金经理等之间的委托代理风险，作为绩效激励对基金的绩效表现产生积极影响。*Carhart*（1997）、*Prather* 等（2004）、*Kacperczyk* 等（2005）、*Pollet* 和 *Wilson*（2008）、*Cremers* 和 *Petajisto*（2009）、*Huang* 等（2011）对美国基金数据的研究及 *Dahlquist* 等（2000）对瑞典基金数据的研究都支持第一方面的影响。任颋和邵景丽（2012）对我国基金的研究也支持这一关系的存在。而 *Massa* 和 *Patgiri*（2009）对美国基金数据的研究则支持后一方面的影响。为了考察这一变量与基金绩效的关系，我们参考刘莎莎等（2013）和曾建光等（2013）的思路构造相应变量，即使用 t－1 时期的基金管理费和托管费的总和除以期初与期末基金净资产总额的平均值来计算费用率，并将之记为 ExpRatio。

10. 股票投资比例：StockPro

偏股型基金的经理一般会根据市场情况对基金投资于股票的比例进行调整，优化投资组合的风险收益关系。在其资产组合配置里，毫无疑问股票是相对债券等风险更大的资产，但是股票也可能会给投资者带来更大的收益。因此，股票投资比例也在一定程度上反映了基金经理在投资上激进的程度。段洁新等（2013）的研究表明，基金上一期股票投资比例越高其绩效表现越好，而且当使用固定效应模型进行研究时这种关系是显著的。为了研究股票投资比例与基金绩效之间的关系，这里定义股票投资比例变量，并将之记为 Stock-Pro。在具体研究中，使用 t－1 时期的股票投资总规模与基金期初和期末净资产总额的平均值的比值进行度量。

11. 换手率：TurnOver

基金经理为了保持基金的盈利能力，会不断地根据市场情况调整资产组合，优化收益和风险配比。为了描述基金经理的这一行为，研究者提出了基金换手率指标。通过研究基金换手率与基金绩效的关系，可以发现基金经理积极调整资产组合对基金绩效所造成的影响。国外学者得到的研究结果并不统一，其中 *Grinblatt* 和 *Titman*（1994）、*Dahlquist* 等（2000）分别对美国和瑞典的基金数据进行了研究，发现基金经理的这种调整与基金绩效有显著的正相关关系。但是 *Carhart*（1997）、*Massa* 和 *Patgiri*（2009）对美国基金数据的研究发现这种关系是显著负相关的。国内对这一因素与基金绩效关系的研究较少，其中刘莎莎等（2013）发现在使用其他绩效测度时，基金换手率与其未来半年绩效有显著的正相关关系，但在使用 *Fama-French-Carhart* 四因子模型得到的风险调整绩效进行研究时，它们之间的关系并不显著。然而，曾建光等（2013）以 *ROE* 作为基金绩效代理变量的研究却发现基金换手率与其未来绩效有显著的负相关关系。在这里，本章借鉴他们的研究思路，使用 t − 1 时期股票买入总成本与股票卖出总收入之间的较小值除以 t − 1 时期基金期初和期末净资产总额的平均值计算这一变量，并将之记为 TurnOver。

为了方便后文分析，本章将以上解释中的变量及其意义简要地列于表 7 − 1 中。

表 7 − 1　变量定义

变　量	定　义
Lag*Alpha*_1*F*	当用 CAPM 模型时得到的滞后的风险调整绩效
Lag*Alpha*_3*F*	当用 Fama-French 三因子模型时得到的滞后的风险调整绩效
Lag*Alpha*_4*F*	当用 Fama-French-Carhart 四因子模型时得到的滞后的风险调整绩效
Lag*Alpha*_5*F*	当用 Fama-French 五因子模型时得到的滞后的风险调整绩效
Lag*Alpha*_6*F*	当用 Fama-French-Carhart 六因子模型时得到的滞后的风险调整绩效
Ln*TNA*	规模
InFlows	资金净流入
Ln*Age*	成立年限
IsJV	是否中外合资
Ln*FTNA*	家族规模
IndScale	个人投资者占有比例
ExpRatio	费用率
StockPro	股票投资比例
TurnOver	换手率

（二）基于广义日历时间（GCT）回归模型的研究思路

Hoechle 等（2016）提出的广义日历时间回归模型，也称为 GCT 回归模型。GCT 回归模型是一个基于主题层（Subject – Level）的回归模型，其基本结构如下：

$$y_{ht} = (z_{ht} \otimes x_t)\theta + v_{ht} \tag{7.7}$$

式（7.7）里，z_{ht} 是一个由 $1 \times M$ 维的主题特征构成的向量，x_t 是一个由 $1 \times (K+1)$ 维的市场层变量构成的向量，$\otimes$ 表示克罗内克积，v_{ht} 表示扰动项，而 θ 表示的是由 $M \times (K+1)$ 个解释变量的系数构成的集合。z_{ht} 中的主题特征可以在时间和横截面两个维度上变化，而 x_t 中的元素只在时间维度上变化。GCT 回归模型不仅可以用来分析横截面上的股票收益，而且也可以用来评价基金、公司和投资者投资的长期表现。在具体研究中，x_t 可以由 CAPM 模型、Fama-French 三因子模型、Fama-French-Carhart 四因子模型、Fama-French 五因子模型或 Fama-French-Carhart 六因子模型中的因子与常数构成。为了保证估计结果在异方差、自相关和横截面相关等情况下仍然是稳健的，在对 GCT 模型进行估计时，Hoechle 等（2016）使用了 Driscoll 和 Kraay（1998）的标准差。

结合本章的研究，进一步对式（7.7）中的各变量进行说明。由于本章研究的是基金特征等与基金绩效的关系，所以在式（7.7）中用来描述随横截面变化的 h，可以直接由 i 来代替，用来描述样本内的各个基金。那么，y_{it} 等于 $(R_{it} - R_{Ft})$，表示基金 i 在 t 时期相对于无风险收益的超额收益。当用来计算风险调整的模型为 Fama-French 五因子模型时，x_t 等于 $[1 \ (R_{Mt} - R_{Ft}) \ SMB_t \ HML_t \ RMW_t \ CMA_t]$。当所用的模型为 CAPM 模型、Fama-French 三因子模型、Fama-French-

Carhart 四因子模型和 Fama-French-Carhart 六因子模型时，x_t 分别等于 $[1 (R_{Mt} - R_{Ft})]$、$[1 (R_{Mt} - R_{Ft}) SMB_t HML_t]$、$[1 (R_{Mt} - R_{Ft}) SMB_t HML_t MOM_t]$ 和 $[1 (R_{Mt} - R_{Ft}) SMB_t HML_t RMW_t CMA_t MOM_t]$。在这里，$z_{it}$ 定义为 $[1 LagAlpha_{it} LnTNA_{it} InFlows_{it} LnAge_{it} IsJV_{it} LnFTNA_{it} IndScale_{it} ExpRatio_{it} StockPro_{it} TurnOver_{it}]$，表示由前文定义的与基金绩效可能相关的 10 个变量与 1 构成的向量，其中各变量的定义也可以从表 7-1 获得总体认识。θ 和 v_{it} 仍然分别表示系数集合和扰动项。在进行回归时，将因子模型的因子和基金特征变量一起输入 GCT 回归模型，通过估计可以直接得到因子模型和基金特征变量对应的系数及 t 统计量等。

（三）基于固定效应模型的研究思路

按变量定义部分的方法，可以得到基金 i 在 t 时期的风险调整绩效 $Alpha_{it}$，以之为被解释变量与本章定义的解释变量相结合构成一组面板数据，它们之间的关系可以使用以下的回归模型表示：

$$Alpha_{it} = \alpha + b_1 LagAlpha_{it} + b_2 LnTNA_{it} + b_3 InFlows_{it} + b_4 LnAge_{it} +$$
$$b_5 IsJV_{it} + b_6 LnFTNA_{it} + b_7 IndScale_{it} + b_8 ExpRatio_{it} +$$
$$b_9 StockPro_{it} + b_{10} TurnOver_{it} + e_{it} \tag{7.8}$$

式（7.8）中各变量的定义可参见表 7-1。式（7.8）表示的模型有多种估计方法，考虑到近期国内的研究（刘莎莎等，2013；段洁新等，2013；曾建光等，2013）多使用固定效应模型进行研究，本章以固定效应模型作为参照比较其估计结果与 GCT 回归模型所得结果的差异。关于固定效应模型估计方法等，本章参考陈强（2010）使用 Stata 软件进行估计。

三 样本选取与描述性统计分析

本章的研究主要涉及两方面的数据，分别是与基金相关的数据和用来构建因子模型的数据。用来构建因子模型的数据已经在第三章里进行了说明，这里不再重复。下文主要对基金相关的数据进行说明。

本章使用偏股型开放式基金为样本，开放式基金的投资类型来自 Wind 数据库。如果成立年限在 2007 年 5 月底之前且投资类型（二级分类）为偏股混合型基金或普通股票型基金则选入样本，共得到 140 支偏股型开放式基金样本，样本区间设定为 2007 年 7 月至 2015 年 6 月。基金净值等数据主要来自国泰安（CSMAR）数据库中的开放式基金的数据，数据不足或缺失的部分使用锐思数据库和 Wind 数据库进行补齐。表 7-2 列出了表 7-1 中定义的变量的均值、标准差、最小值、中位数和最大值。

表 7-2　各变量的主要描述性统计结果

变量名称	均值	标准差	最小值	中位数	最大值
Lag$Alpha\_1F$	−0.0052	0.0491	−0.1750	−0.0101	0.2807
Lag$Alpha\_3F$	0.0038	0.0486	−0.1664	0.0012	0.2312
Lag$Alpha\_4F$	−0.0004	0.0450	−0.1682	−0.0049	0.2242
Lag$Alpha\_5F$	0.0026	0.0497	−0.1579	−0.0036	0.2622
Lag$Alpha\_6F$	−0.0002	0.0460	−0.1718	−0.0055	0.2322
LnTNA	21.9069	0.9101	17.9220	21.9764	23.9896
$InFlows$	−3.0938	8.5166	−80.4502	−1.9177	71.4801
LnAge	2.3994	0.2598	1.6094	2.3979	2.8904

续表

变量名称	均值	标准差	最小值	中位数	最大值
IsJV	0.5764	0.4943	0.0000	1.0000	1.0000
Ln*FTNA*	24.3852	0.9574	21.7761	24.4383	26.2803
IndScale	87.2634	15.1071	2.8900	93.1900	99.9300
ExpRatio	0.0091	0.0010	0.0047	0.0090	0.0178
StockPro	78.9911	10.4270	30.2474	80.9855	94.4874
TurnOver	1.1487	1.6121	0.0181	0.8313	28.0777

注：为了方便，*InFlows* 的单位在此表里使用亿元，*IndScale* 和 *StockPro* 的单位都是%。

考虑到回归中可能存在多重共线性的问题，这里进一步计算基金相关因素变量的相关系数，得到的各变量相关系数的值列于表 7 - 3 中。为了节省空间，这里只给出了除历史绩效的五个变量 Lag*Alpha*_1*F*、Lag*Alpha*_3*F*、Lag*Alpha*_4*F*、Lag*Alpha*_5*F* 和 Lag*Alpha*_6*F* 之外的变量之间的相关系数。

从表 7 - 3 可以看出，基金家族规模与基金的规模、成立年限两个变量的相关系数的绝对值最大，分别达到 0.4825 和 0.4827。需要指出的是，它们也高于历史绩效的五个变量 Lag*Alpha*_1*F*、Lag*Alpha*_3*F*、Lag*Alpha*_4*F*、Lag*Alpha*_5*F* 和 Lag*Alpha*_6*F* 与其他变量的相关系数的绝对值。再用回归法对式（7.8）表示的回归方程直接使用相关数据进行回归，以判断是否存在多重共线性，发现 VIF 值都小于 5。因此，可以说本章定义的解释变量之间不存在严重的多重共线性问题。

表 7 - 3　各基金相关因素的相关系数

变量	A	B	C	D	E	F	G	H	I
A	1.0000	- 0.1337	- 0.0202	- 0.0655	0.4825	0.0526	0.0595	0.1588	- 0.1001
B	- 0.1337	1.0000	0.0023	0.0207	- 0.0776	- 0.1670	- 0.0158	- 0.0417	0.0298

续表

变量	A	B	C	D	E	F	G	H	I
C	-0.0202	0.0023	1.0000	-0.0998	0.4827	0.1055	-0.0890	0.0230	-0.0500
D	-0.0655	0.0207	-0.0998	1.0000	-0.0042	-0.1933	-0.0463	-0.0239	-0.0028
E	0.4825	-0.0776	0.4827	-0.0042	1.0000	0.1164	-0.0198	0.0132	-0.0805
F	0.0526	-0.1670	0.1055	-0.1933	0.1164	1.0000	0.0127	-0.0225	0.0389
G	0.0595	-0.0158	-0.0890	-0.0463	-0.0198	0.0127	1.0000	-0.0308	0.0971
H	0.1588	-0.0417	0.0230	-0.0239	0.0132	-0.0225	-0.0308	1.0000	-0.0366
I	-0.1001	0.0298	-0.0500	-0.0028	-0.0805	0.0389	0.0971	-0.0366	1.0000

注：表中 A ~ I 依次表示表 7 - 1 中从 Ln*TNA* 开始的变量。

四 实证结果及分析

本节将根据前文的研究设计和数据，在呈现和分析固定效应模型和 GCT 回归模型所得结果的基础上，对两者的表现进行比较。

（一）基于固定效应模型的实证结果及分析

在使用固定效应模型回归之前，先使用豪斯曼检验在固定效应模型和随机效应模型之间进行取舍。通过豪斯曼检验发现，得到的 p 值都等于 0。因此，对本章所用数据来说，使用固定效应模型进行研究更为适当。结合表达式（7.8），使用固定效应模型对用 CAPM 模型、Fama-French 三因子模型、Fama-French-Carhart 四因子模型、Fama-French 五因子模型和 Fama-French-Carhart 六因子模型得到的半年期阿尔法值进行回归，得到的结果见表 7 - 4。

从表 7 - 4 可以看出，在使用五个因子模型得到的结果中，历史绩效、规模和个人投资者占有比例基金特征与其半年期未来绩效的关系在各因子模型下均是显著且稳健的。其中，基金的历史绩效与基金绩效表现出了显著的负相关关系，表明基金绩效不具有持续性，这与江萍等（2011）的研究结论相同。基金规模与基金绩效的关系也是显著负相关的，这也与江萍等（2011）的研究结果具有一致性。在个人投资者占有比例与基金绩效表现之间同样显示出了显著的负相关关系。基金投资者只由个人投资者和机构投资者构成，因此，也可以说机构投资者占有比例与基金绩效之间存在显著的正相关关系，这与曾建光等（2013）的研究结论相一致。

由于在基金绩效研究中，较多地使用了 Fama-French-Carhart 四因子模型。本章进一步分析在使用 Fama-French-Carhart 四因子模型研究时的表现。从固定效应模型的回归结果中可以发现，除历史绩效、规模和个人投资者占有比例外，家族规模和股票投资比例与基金绩效的相关关系也都是显著的，而且它们在使用除 CAPM 模型之外的四个因子模型时也都是显著且稳健的。再者，基金家族规模和股票投资比例与基金绩效的关系是显著正相关的。其中，基金家族规模与基金绩效之间的显著正相关关系在刘莎莎等（2013）、曾建光等（2013）的研究中也得到了验证。股票投资比例与基金绩效存在显著的正相关关系，表明基金经理在资本市场上通过主动积极的行动，在投资组合中加入更多的股票资产，可以提高基金绩效水平，这一研究结果支持了段洁新等（2013）的研究结论。进一步比较 Fama-French-Carhart 四因子模型所得结果与本章引入的 Fama-French 五因子模型和 Fama-French-Carhart 六因子模型所得结果的差异，可以发现原来不显著的费用率因素变得显著了，换手率因素在使用 Fama-French 五因子模型的情况下也是显著的。但是它们都是在 10% 的水平下呈现出了显著异于零的表现，而在更高的水平下则不显著。

表 7 - 4   基于固定效应模型得到的实证结果

	CAPM 模型	三因子模型	四因子模型	五因子模型	六因子模型
LagAlpha	- 0.1739 ***	- 0.1396 ***	- 0.0914 **	- 0.1523 ***	- 0.1162 ***
Ln*TNA*	- 0.0767 ***	- 0.0637 ***	- 0.0741 ***	- 0.0586 ***	- 0.0730 ***
InFlows	0.0001	0.0001	0.0001	0.0001	0.0001
Ln*Age*	0.0318	0.0435	0.0272	0.0483	0.0353
IsJV	- 0.0040	- 0.0119	- 0.0112	- 0.0126	- 0.0123
Ln*FTNA*	0.0114	0.0168 **	0.0158 **	0.0176 **	0.0178 ***
IndScale	- 0.0013 ***	- 0.0010 ***	- 0.0011 ***	- 0.0010 ***	- 0.0011 ***
ExpRatio	4.7120 ***	2.0151	2.0574	2.5937 *	2.7816 *
StockPro	0.0204	0.0348 **	0.0343 **	0.0437 ***	0.0448 ***
TurnOver	- 0.0001	0.0014	0.0012	0.0019 *	0.0017
基金固定	是	是	是	是	是
年度固定	是	是	是	是	是

注: * 表示在 10% 的水平下显著, ** 表示在 5% 的水平下显著, *** 表示在 1% 的水平下显著, 这些同样适用于表 7 - 5。

(二) 基于 GCT 回归模型的实证结果及分析

与固定效应模型不同, 在使用 GCT 回归模型进行估计时, 被解释变量不需要预先使用因子模型进行估计得到阿尔法值, 而是将各基金的月度超额收益加总得到的半年度超额收益直接作为被解释变量输入模型中。另外, 由模型 (7.7) 可以发现在引入解释变量时, 不仅引入了半年期滞后阿尔法值及前文设定的其他 9 个解释变量构成的面板数据, 而且也将构成因子模型的各因子的时间序列数据引入了模型中。在使用 GCT 回归模型进行估计时, 用到的半年期滞后阿尔法值和回归中所使用的因子模型是对应的。由 CAPM 模型、Fama-French 三因子模型、Fama-French-Carhart 四因子模型、Fama-

French 五因子模型、Fama-French-Carhart 六因子模型分别与 GCT 回归模型相结合，可以得到基于各因子模型的 GCT 回归结果，考虑到本章研究的需要，只将得到的各变量的系数及其显著性列于表 7 – 5 中。

表 7 – 5　基于 GCT 回归模型得到的实证结果

	CAPM 模型	三因子模型	四因子模型	五因子模型	六因子模型
LagAlpha	0.0700	0.0077	– 0.0004	– 0.0035	0.0032
LnTNA	– 0.0030 *	– 0.0044 *	– 0.0049 **	– 0.0044 **	– 0.0049 ***
InFlows	0.0001 **	0.0001 **	0.0001 **	0.0001	0.0001
LnAge	0.0061	0.0239 ***	0.0157 **	0.0276 ***	0.0262 ***
IsJV	– 0.0005	0.0022	0.0013	0.0004	0.0003
LnFTNA	0.0026	– 0.0003	0.0012	– 0.0035 *	– 0.0030 ***
IndScale	– 0.0004 ***	– 0.0002 ***	– 0.0002 ***	– 0.0003 ***	– 0.0002 ***
ExpRatio	– 3.4540	– 2.1530	– 4.305 **	0.3270	0.2200
StockPro	– 0.0160	0.0216	0.0281	0.0026	0.0081
TurnOver	– 0.0038	– 0.0070 **	– 0.0071 **	– 0.0048 **	– 0.0084 ***

　　从表 7 – 5 中的所有回归结果可以看出，只有规模和个人投资者占有比例 2 个因素与基金绩效的关系在使用五个因子模型的情况下都是显著且稳健的。与固定效应模型所得到的结果相比，不仅显著且稳健的变量数量由 3 个减到了 2 个，而且只有规模和个人投资者占有比例两个因素仍然是显著且稳健的，并在与基金绩效之间相关关系的方向上保持了一致性。在固定效应模型回归结果中，显著且稳健的历史绩效因素不再是显著且稳健的。

　　在风险调整模型为 Fama-French-Carhart 四因子模型的情况下，资金净流入、成立年限、费用率和换手率 4 个因素也是显著的，而且与固定效应模型下的结果相比，历史绩效、家族规模、股票投资比例与基金绩效之间的显著相关关系不再成立，资金净流入、成立年限、费用率和换手率与基金绩效之间呈现出了显著的相关关系。其中，资金净流入因素在不考虑本章引入的 Fama-French 五因子模型和 Fama-French-Carhart 六因子模型时，与基金绩效之间存在显著且稳健的正相关关系。基金成立年限和换手率因素在除 CAPM 模型之外的模型中，与基金绩效之间分别存在显著且稳健的正相关关系和负相关关系。而费用率与基金绩效之间存在的显著的负相关关系，在除 Fama-French 四因子模型之外使用其他因子模型研究时不再成立，稳健性较差。再者，在 GCT 回归模型的情况下，资金净流入和成立年限两个因素与基金绩效之间存在的是正相关关系。资金净流入与基金绩效表现出的这种关系与 Zheng（1999）等对美国基金的研究和江萍等（2011）对国内基金的研究相一致。资金更多地流入未来表现较好的基金，可能是由于有部分基金投资者对基金具有较好的评价体系，能选择出未来表现较优的基金，这在有些研究文献中也称为"智钱效应"（Smart Money Effect）。虽然在 GCT 回归模型下，基金成立年限因素与基金绩效表现出的显著正相关关系与 Kacperczyk 等（2005）、Cremers 和 Petajisto（2009）对国外基金的研究和江萍等（2011）、刘莎莎等（2013）对国内基金的研究结果相反，但与 Massa 和 Patgiri（2009）、Agnesens（2013）和彭振中等（2010）的研究结果相一致。基金成立年限越长其绩效表现越好，可能是由于成立年限反映了基金运作管理的成熟。基金成立时间越长，基金经理越能对投资组合中的风险与收益关系进行有效控制。换手率与基金绩效之间呈现出了显著的负相关关系。在 Agnesens（2013）的研究中也发现了换手率因素相关关系方向变化这一现象。但是，在 GCT 回归模型的情况下，他的研究并没有发现它们之间存在显著的相关关系。我国基金绩效与换手率之间的这种负相关关系，可能反映了基金经理在股票选择上的能力不足，无法选择足够好的股票进行投资，不得不被动调仓，也可能反映了基金经理过度换手导致交易成本提升，从而影响了基金绩效。进一步比较 Fama-French-Carhart 四因子模型与 Fama-French 五因子模型、Fama-French-Carhart 六因子模型所得结果的差异可以看出，在后两个模型里资金净流入因素和费用率因素不再显著，而家族规模因素与基金绩效之间表现出了显著的负相关关系。

综上所述，历史绩效、家族规模、股票投资比例、资金净流入、成立年限和换手率与基金绩效之间的关系在使用固定效应模型和 GCT 回归模型研究时表现出了明显的差异。这种差异可能有两个方面的原因：一是在用固定效应模型进行研究时仍使用了两步法，导致对横截面上的相关关系和第一步的估计误差处理不当；二是在用固定效应模型进行研究时，使用历史数据计算因子系数进而得到风险调整绩效时，忽视了因子系数与基金特征相关对研究变量系数估计的影响。Agnesens（2013）指出在处理这两个方面的不足上，GCT 回归模型有明显的优势。

五　本章小结

尽管基金特征与基金绩效之间的关系已经得到了大量研究，但是已往的研究多使用两步法。由于两步法忽视了横截面上的相关关系和第一步中的估计误差，在实证研究中可能会得到有偏差的估计结果。Hoechle 等（2016）提出的 GCT 回归模型可以通过一步回归直接得到基金特征与基金绩效之间的关系。但是，当前国内的研究文献主要将固定效应模型与两步法相结合进行研究。鉴于此，本章以我国 2007 年 7 月至 2015 年 6 月的偏股型开放式基金为研究样本，以固定效应模型为参照，研究了历史绩效、规模、资金净流入、成立年限、是否中外合资、基金家族规模、个人投资者占有比例、费用率、股票投资比例和换手率 10 个基金特征与基金绩效之间的关系在使用 GCT 回归模型时的表现。研究主要得出以下结论。

（1）在使用 CAPM 模型、Fama-French 三因子模型、Fama-French-Carhart 四因子模型、Fama-French 五因子模型、Fama-French-Carhart 六因子模型进行风险调整得到基金绩效时，历史绩效、规模、个人投资者占有比例 3 个基金特征与其半年期未来绩效的关系在使用固定效应模型进行回归时是显著且稳健的，但在使用 GCT 回归模型进行回归时只有规模和个人投资者占有比例 2 个基金特征与基金绩效的关系是显著且稳健的，而且规模、个人投资者占有比例与基金绩效之间的关系都是负相关关系。

（2）在使用 Fama-French-Carhart 四因子模型进行风险调整得到基金绩效时，历史绩效、规模、家族规模、个人投资者占有比例、股票投资比例 5 个基金特征与其半年期未来绩效的关系在使用固定效应模型进行回归时都是显著的，但在使用 GCT 回归模型进行回归时，历史绩效、家族规模和股票投资比例 3 个基金特征与基金绩效的关系不再显著，而资金净流入、成立年限、费用率、换手率与基金绩效的关系变得显著。

（3）在使用 Fama-French-Carhart 四因子模型和 GCT 回归模型进行研究时，资金净流入和成立年限与基金绩效的关系是显著正相关的，规模、个人投资者占有比例、费用率和换手率与基金绩效的关系是显著负相关的。

（4）对比使用 Fama-French-Carhart 四因子模型得到的结果，发现在 Fama-French 五因子模型和 Fama-French-Carhart 六因子模型进行研究的情况下，当使用的是固定效应模型时，费用率因素变得显著；在使用 GCT 回归模型时，资金净流入和费用率因素不再显著，而家族规模因素变得显著。

第八章　研究结论与展望

一　研究结论与启示

（一）研究结论

本书选用我国证券市场数据，在探讨 Fama-French 五因子模型适用性和牛熊市表现的基础上，将 Fama-French 五因子模型应用于流动性定价和 IPOs 长期表现的研究中，最后将之与 GCT 回归模型相结合对我国开放式基金绩效相关因素进行了分解。主要得到了以下几个方面的结论。

（1）我国股市平均收益中存在与规模、账面市值比、盈利能力和投资水平等相关的效应特征，这些特征主要表现为股票收益率与账面市值比正相关，而与其他因素负相关。其中，盈利能力与股票收益率的负相关关系主要体现在规模相对较小的上市公司上。Fama-French 五因子模型在解释我国股市平均收益中存在的这些效应特征上是适用的，而且在表现上优于 Fama-French 三因子模型。

（2）Fama-French 五因子模型在牛熊市两个状态下也都可以解释我国股市平均收益中存在的规模效应、账面市值比效应、盈利效应和投资效应，但在熊市状态下投资因子是"冗余因子"且模型在这一市场状态下的表现更优。在股市平均收益效应特征中，除规模效应外，账面市值比效应、盈利效应和投资效应在两个市场状态下的表现相反。

（3）使用 Kang 和 Zhang（2014）提出的改进的 Amihud 非流动性测度可以得到比直接使用 Amihud 非流动性测度更显著的流动性溢价。使用 Amihud 非流动性测度构建的流动性因子扩展 Fama-French 五因子模型得到的流动性扩展的六因子模型不仅可以同时对我国股市中存在的流动性溢价、规模溢价、盈利溢价、投资溢价和账面市值比溢价等进行有效解释，而且在解释我国股市平均收益中存在的规模效应、账面市值比效应、盈利效应和投资效应上优于 Fama-French 五因子模型。

（4）使用 Fama-French 五因子模型及其拓展模型研究 IPOs 长期表现得出的结论与构建 IPOs 组合的方法相关，在使用流通市值加权法和总市值加权法时 IPOs 长期表现主要为强势，而在使用等权重法时 IPOs 长期表现既不为强势也不为弱势，由两个模型得到的结论与 Fama-French 三因子模型所得结论基本一致。在大多数情况下，公司规模、负债水平与 IPOs 长期表现存在显著的负相关关系，而盈利能力、账面市值比与 IPOs 长期表现存在显著的正相关关系。

（5）历史绩效、规模、个人投资者占有比例三个因素与其半年期未来绩效的关系在使用固定效应模型进行回归时都是显著且稳健的，但在使用 GCT 回归模型进行回归时只有规模和个人投资者占有比例两个因素与基金绩效的关系是显著且稳健的，而且规模、个人投资者占有比例与基金绩效之间的关系都是负相关关系。在使用 GCT 回归模型进行研究时，比较以 Fama-French 五因子模型、Fama-French-Carhart 六因子模型和 Fama-French-Carhart 四因子模型分别作为定价模型得到的结果可以发现，资金净流入和费用率因素不再显著，而家族规模因素变得显著。

（二）研究启示

本书在研究 Fama-French 五因子模型在我国股市表现的基础上，研究了流动性定价、IPOs 长期表现和基金绩效等内容，得到的研究结论对投资者制定投资策略和监管者优化证券市场管理机制等都有有益的启示。

（1）投资者在进行股票投资时，不仅要注意市场风险的影响，也要关注股票所体现的上市公司的特征，如规模、账面市值比、盈利能力和投资水平等。投资者可以通过投资规模较小、账面市值比较高、盈利能力较弱或投资水平较低的股票获得更高的回报。但是，在投资过程中不仅要注意未来市场状态的变化，也要注意在以盈利能力选择股票进行投资时要同时关注其规模大小带来的影响。

（2）在盈利能力表现较弱的股票上的过度投机可能是我国股市盈利效应不同于美国股市的一个主要原因。证券市场监管者可以在优化我国股市投资者结构、培育价值型投资者、引导上市公司完善内部治理机制、提高上市公司投资价值等方面进一步改善我国股市的定价机制。

（3）投资者可以通过持有流动性较弱的股票承担流动性风险，获得较高的回报。在使用流动性指标进行股票投资时，也要注意股票停牌等因素对流动性风险的可能影响。监管者也应优化我国股市的停牌机制等，尽力保证股市交易的顺利进行，以提高我国股市的定价效率。

（4）在选择 IPO 后的新股进行投资时，投资者不仅要注意 IPO 公司的规模大小，也要关注 IPO 公司的负债水平、盈利能力和账面市值比等特征。

（5）对开放式基金来说，规模和个人投资者占有比例与基金绩效之间都存在显著的负相关关系。现阶段我国基金公司在管理基金时的收入主要来自固定的管理费用率，而固定的管理费用率促使基金公司有更大的意愿通过扩大基金规模，获得较高的管理回报。但是，不断扩大基金规模可能最终会影响基金绩效。因此，政策制定者可以放宽基金的管理费用率，给基金管理者适当灵活的管理费用率制定权限，促使基金管理公司不致一味地追求扩大基金规模，而将注意力更多地放在提高基金管理水平上。个人投资者占有比例与基金绩效负相关，说明机构投资者占有较大比例时，基金会获得更好的绩效。这可能反映出机构投资者相比个人投资者具备更高水平的基金选择能力。因此，对个人投资者来说，可以通过机构投资者发行的一些集合理财工具，提高其资产组合的风险收益水平。

二 研究不足之处与展望

（一）研究不足之处

由于笔者的知识局限、选题要求和数据限制等，本书的研究仍然存在一些不足之处，主要表现在以下两个方面。

（1）在 Fama-French 五因子模型适用性的研究上，本书在分析我国股市呈现出规模、账面市值比、盈利和投资等效应特征的原因方面还不够深入。

（2）在研究基金绩效上，尽管 GCT 回归模型是当前研究基金绩效与基金特征关系的先进模型，但是由于数据限制等，本书的研究仍然存在不足之处。这种不足之处主要是由于金融数据库中的数据一般是日、周和月维度上的数据，而在本书里，用于得到风险调整绩效的因子模型的数据选用的是半年度数据。但是，将月度数据转换为回归时使用的半年度数据并用于研究可能存在误差。

（二）未来研究展望

本书在检验 Fama-French 五因子模型在我国股市表现的基础上，分析了流动性定价、IPOs 长期表现和基金绩效，并在研究基金绩效时使用了 GCT 回归模型，为未来的相关研究提供了参考。进一步的研究可以从以下几个角度展开。

（1）Fama-French 五因子模型不仅在模型形式上与 Fama-French 三因子模型相一致，而且在表现上更优于后者。未来可以考虑将 Fama-French 五因子模型和 Fama-French 三因子模型一起用于相关的金融实证研究，提高所得结论的稳健性。也可以进一步比较不同国家或地区的股市里的股票收益率与规模、账面市值比、盈利能力和投资水平等之间的相关关系及 Fama-French 五因子模型表现的差异，进而深入探讨呈现这些特征的可能原因。

（2）在未来进行流动性定价的研究中，可以考虑在剔除动量效应和反转效应后流动性溢价的表现，也可以分析投资组合的不同形成期和持有期下所得结果的差异，还可以进一步实证检验本书提出的流动性扩展的六因子模型在解释动量效应、换手率效应和市盈率效应等方面的表现。

（3）在未来进行 IPOs 长期事件研究时，可以考虑选用不同时间段和从不同市场（如创业板市场等）的角度进行拓展性研究，以分析 Fama-French 五因子模型及其拓展模型的表现。

（4）GCT 回归模型是很有应用前景的模型，可以进一步在资产定价和上市公司相关的长期事件研究方面进行拓展性运用。

参考文献

［1］ 白仲光、张维：《中国证券市场新股长期回报的实证研究》，《中国会计与财务研究》2003 年第 3 期。

［2］ 陈工孟、高宁：《中国股票一级市场长期投资回报的实证研究》，《经济科学》2000 年第 1 期。

［3］ 陈强：《高级计量经济学及 Stata 应用》，高等教育出版社，2010。

［4］ 陈雨露、汪昌云：《金融学文献通论·微观金融卷》，中国人民大学出版社，2006。

［5］ Cuthbertson K.、Nitzsche D.、朱波译：《数量金融经济学（第二版）》，西南财经大学出版社，2008。

［6］ 邓长荣、马永开：《三因素模型在中国证券市场的实证研究》，《管理学报》2005 年第 5 期。

［7］ 丁松良：《中国新股长期走势实证研究》，《南开经济研究》2003 年第 3 期。

［8］ 杜俊涛、周孝华、杨秀苔：《中国证券市场 IPOs 长期表现的实证研究》，《中国软科学》2003 年第 11 期。

［9］ 杜俊涛：《我国 IPO 股票长期弱势中研究方法的差异性与实证研究》，《金融教学与研究》2006 年第 2 期。

［10］ 段洁新、王志文、赵自然：《我国开放式股票型基金的业绩影

响因素研究——基于面板数据的实证分析》，《金融理论与实践》2013 年第 9 期。

[11] 范龙振、王海涛：《上海股票市场股票收益率因素研究》，《管理科学学报》2003 年第 6 期。

[12] 郭泓、赵震宇：《承销商声誉对 IPO 公司定价、初始和长期回报影响实证研究》，《管理世界》2006 年第 3 期。

[13] 郭文伟、宋光辉、许林：《风格漂移、现金流波动与基金绩效之关系研究》，《管理评论》2011 年第 12 期。

[14] 何荣天：《风险收益对应论与中国证券市场非流动溢价的实证分析》，《南开经济研究》2003 年第 4 期。

[15] 贺炎林：《我国股市横截面收益特征及成因研究》，博士学位论文，天津大学，2007。

[16] 黄峰、杨朝军：《流动性风险与股票定价：来自我国股市的经验证据》，《管理世界》2007 年第 5 期。

[17] 江洪波：《基于非有效市场的 A 股 IPO 价格行为分析》，《金融研究》2007 年第 8 期。

[18] 江萍、田澍、Cheung Yan-Leung：《基金管理公司股权结构与基金绩效研究》，《金融研究》2011 年第 6 期。

[19] 金德环、张安宁：《搜索创造价值——投资者关注度与 IPOs 市场表现》，《山西财经大学学报》2014 年第 3 期。

[20] 李冬昕、李心丹、俞红海等：《询价机构报价中的意见分歧与 IPO 定价机制研究》，《经济研究》2014 年第 7 期。

[21] 李倩、梅婷：《三因素模型方法探析及适用性再检验：基于上证 A 股的经验数据》，《管理世界》2015 年第 4 期。

[22] 李一红、吴世农：《中国股市流动性溢价的实证研究》，《管理评论》2003 年第 11 期。

［23］ 李蕴玮、宋军、吴冲锋：《考虑市值权重的 IPO 长期业绩研究》，《当代经济科学》2002 年第 6 期。

［24］ 李志洋：《中国股票市场的规模效应：理论与实证》，博士学位论文，复旦大学，2014。

［25］ 梁丽珍、孔东民：《中国股市的流动性指标定价研究》，《管理科学》2008 年第 6 期。

［26］ 梁亮、陈姝、杨德成等：《开放式基金业绩的内在影响因素——基于中国证券市场的分析》，《产经评论》2010 年第 3 期。

［27］ 林煜恩、陈秀玲、池祥萱：《共同基金流量具有信息内涵吗？》，《经济研究》2014 年第 S1 期。

［28］ 刘锋、霍德明：《基于截面和时序 GRS 检验的流动性定价研究》，《山西财经大学学报》2012 年第 3 期。

［29］ 刘力、李文德：《中国股票市场股票首次发行长期绩效研究》，《经济科学》2001 年第 6 期。

［30］ 刘睿智：《基于改进 Fama-French 模型的市场流动性定价实证检验》，《统计与决策》2015 年第 11 期。

［31］ 刘莎莎、刘玉珍、唐涯：《信息优势、风险调整与基金业绩》，《管理世界》2013 年第 8 期。

［32］ 刘少波：《资本资产定价理论：范式转换与演进》，经济科学出版社，2010。

［33］ 刘维奇、牛晋霞、张信东：《股权分置改革与资本市场效率——基于三因子模型的实证检验》，《会计研究》2010 年第 3 期。

［34］ 陆静、唐小我：《股票流动性与期望收益的关系研究》，《管理工程学报》2004 年第 2 期。

［35］ 罗登跃、王春峰、房振明：《中国股市总流动性与资产定价关系实证研究》，《中国管理科学》2007 年第 2 期。

［36］ 南晓莉、刘井建：《机构投资者持股特征对 IPOs 长期绩效影响的实证研究》，《华东经济管理》2014 年第 10 期。

［37］ 潘莉、徐建国：《A 股市场的风险与特征因子》，《金融研究》2011 年第 10 期。

［38］ 彭振中、谭小芬、严立业：《基金费率结构与基金业绩——理论模型及基于中国的实证研究》，《山西财经大学学报》2010 年第 1 期。

［39］ 任颋、邵景丽：《基金经理更替、基金类型与基金业绩》，《山西财经大学学报》2012 年第 7 期。

［40］ 邵新建、巫和懋、李泽广等：《中国 IPO 上市首日的超高换手率之谜》，《金融研究》2011 年第 9 期。

［41］ 邵新建、薛熠、江萍等：《投资者情绪、承销商定价与 IPO 新股回报率》，《金融研究》2013 年第 4 期。

［42］ 宋双杰、曹晖、杨坤：《投资者关注与 IPO 异象——来自网络搜索量的经验证据》，《经济研究》2011 年第 S1 期。

［43］ 苏冬蔚、麦元勋：《流动性与资产定价：基于我国股市资产换手率与预期收益的实证研究》，《经济研究》2004 年第 2 期。

［44］ 孙建华：《风险投资、IPO 后公司业绩与市场表现——来自中国创业板上市公司的经验证据》，《山西财经大学学报》2015 年第 9 期。

［45］ 田利辉、王冠英：《我国股票定价五因素模型：交易量如何影响股票收益率?》，《南开经济研究》2014 年第 2 期。

［46］ 田利辉、王冠英、张伟：《三因素模型定价：中国与美国有何不同?》，《国际金融研究》2014 年第 7 期。

［47］ 王春峰、韩冬、蒋祥林：《流动性与股票回报：基于上海股市的实证研究》，《经济管理》2002 年第 24 期。

［48］ 王春峰、罗建春：《我国股票 IPOs 长期弱势现象的实证研究》，《南开经济研究》2002 年第 3 期。

［49］ 王冠英：《我国股票市场资产定价研究》，博士学位论文，南开大学，2014。

［50］ 王美今、张松：《中国新股弱势问题研究》，《经济研究》2000 年第 9 期。

［51］ 王茵田、朱英姿：《中国股票市场风险溢价研究》，《金融研究》2011 年第 7 期。

［52］ 吴冲锋、穆启国：《资产定价研究》，科学出版社，2008。

［53］ 吴文峰、芮萌、陈工孟：《中国股票收益的非流动性补偿》，《世界经济》2003 年第 7 期。

［54］ 谢赤、曾志坚：《股票市场流动性溢价的实证研究》，《数量经济技术经济研究》2005 年第 9 期。

［55］ 谢赤、张太原、曾志坚：《中国股票市场存在流动性溢价吗？——股票市场流动性对预期收益率影响的实证研究》，《管理世界》2007 年第 11 期。

［56］ 许年行、江轩宇、伊志宏等：《分析师利益冲突、乐观偏差与股价崩盘风险》，《经济研究》2012 年第 7 期。

［57］ 杨大楷：《资产定价理论》，上海财经大学出版社，2004。

［58］ 杨丹、林茂：《我国 IPO 长期市场表现的实证研究——基于超常收益率不同测度方法的比较分析》，《会计研究》2006 年第 11 期。

［59］ 闫东鹏、吴贵生：《流动性和可预测股票回报：一个实证检验》，《统计研究》2006 年第 8 期。

［60］ 杨炘、陈展辉：《中国股市三因子资产定价模型实证研究》，《数量经济技术经济研究》2003 年第 12 期。

[61] 叶若慧、王成方、张文慧：《我国 IPO 抑价与长期收益率的实证研究》，《山西财经大学学报》2013 年第 12 期。

[62] 俞红海、李心丹、耿子扬：《投资者情绪、意见分歧与中国股市 IPO 之谜》，《管理科学学报》2015 年第 3 期。

[63] 曾德明、查琦、龚红：《基金特征、管理特性与基金绩效关系的实证研究》，《管理学报》2006 年第 3 期。

[64] 曾建光、伍利娜、谌家兰等：《XBRL、代理成本与绩效水平——基于中国开放式基金市场的证据》，《会计研究》2013 年第 11 期。

[65] 张剑：《中国股票市场异象的特征及其与股票型基金风格漂移的关系研究》，博士学位论文，天津大学，2012。

[66] 张美霞：《证券投资基金经理变更的实证研究——来自中国资本市场的经验证据》，《财经研究》2007 年第 12 期。

[67] 张学勇、廖理：《风险投资背景与公司 IPO：市场表现与内在机理》，《经济研究》2011 年第 6 期。

[68] 张玉龙、李怡宗：《基于随机折现因子方法的流动性定价机制研究》，《管理世界》2013 年第 10 期。

[69] 张峥、李怡宗、张玉龙等：《中国股市流动性间接指标的检验——基于买卖价差的实证分析》，《经济学》（季刊）2013 年第 1 期。

[70] 赵胜民、闫红蕾、张凯：《Fama-French 五因子模型比三因子模型更胜一筹吗——来自中国 A 股市场的经验证据》，《南开经济研究》2016 年第 2 期。

[71] 周芳：《中国股票市场流动性风险溢价与资产定价研究》，博士学位论文，天津大学，2009。

[72] 邹高峰、张维、常中阳：《询价制度下中国 IPO 长期表现》，《管理科学学报》2012 年第 11 期。

［73］邹高峰、张维、王慧:《新股发行估值、首日收益与长期表现》,《系统工程理论与实践》2015 年第 4 期。

［74］Acharya, V. V., Pedersen, L. H., "Asset Pricing with Liquidity Risk", *Journal of Financial Economics* 77 (2005).

［75］Agnesens, J., "A Statistically Robust Decomposition of Mutual Fund Performance", *Journal of Banking and Finance* 37 (2013).

［76］Aharoni, G., Grundy, B., Zeng, Q., "Stock Returns and the Miller Modigliani Valuation Formula: Revisiting the Fama French Analysis", *Journal of Financial Economics* 110 (2013).

［77］Amihud, Y., Mendelson, H., "Asset Pricing and the Bid – Ask Spread", *Journal of Financial Economics* 17 (1986).

［78］Amihud, Y., Mendelson, H., Lauterbach, B., "Market Microstructure and Securities Values: Evidence from the Tel Aviv Stock Exchange", *Journal of Financial Economics* 45 (1997).

［79］Amihud, Y., "Illiquidity, Stock Returns: Cross – Section and Time – series Effects", *Journal of Financial Markets* 5 (2002).

［80］Amihud, Y., "The Pricing of the Illiquidity Factor's Systematic Risk", http://papers. ssrn. com/sol3/papers. cfm? abstract_id = 2411856, 2014 – 04 – 19.

［81］Amihud, Y., Hameed, A., Kang, W., et al., "The Illiquidity Premium: International Evidence", *Journal of Financial Economics* 117 (2015).

［82］Bali, T. G., Engle, R. F., Murray, S., *Empirical Asset Pricing: The Cross Section of Stock Returns* (Hoboken, NJ, US: Wiley & Sons, Inc., 2016).

［83］Banz, R. W., "The Relationship between Return and Market Value of Common Stocks", *Journal of Financial Economics* 9 (1981).

[84] Barber, B. M., Lyon, J. D., "Detecting Long – Run Abnormal Stock Returns: The Empirical Power and Specification of Test Statistics", *Journal of Financial Economics* 43 (1997).

[85] Barry, C. B., Mihov, V. T., "Debt Financing, Venture Capital, and the Performance of Initial Public Offerings", *Journal of Banking and Finance* 58 (2015).

[86] Bekaert, G., Harvey, C. R., Lundblad, C., "Liquidity and Expected Returns: Lessons from Emerging Markets", *Review of Financial Studies* 20 (2007).

[87] Black, F., Jensen, M. C., Scholes, M., *The Capital Asset Pricing Model: Some Empirical Tests* (New York., US: Praeger Publishers Inc, 1972).

[88] Brav, A., Gompers, P., "Myth or Reality? The Long – Run Underperformance of Initial Public Offerings: Evidence from Venture and Nonventure Capital – Backed Companies", *Journal of Finance* 52 (1997).

[89] Brennan, M. J., Chordia, T., Subrahmanyam, A., "Alternative Factor Specification, Security Characteristics, and the Cross – Section of Expected Stock Returns", *Journal of Financial Economics* 49 (1998).

[90] Carhart, M. M., "On Persistence in Mutual Fund Performance", *Journal of Finance* 52 (1997).

[91] Carter, R. B., Dark, F. H., Singh, A. K., "Underwriter Reputation, Initial Returns, and the Long – Run Performance of IPO Stocks", *Journal of Finance* 53 (1998).

［92］ Chen, J., Hong, H., Huang, M., et al., "Does Fund Size E-rode Mutual Fund Performance? The Role of Liquidity and Organization", *American Economic Review* 94 (2004).

［93］ Cochrane, J. H., *Asset Pricing* (Princeton, NJ, US: Princeton University Press, 2005).

［94］ Cremers, K. J., Petajisto, A., "How Active Is Your Fund Manager? A New Measure That Predicts Performance", *Review of Financial Studies* 22 (2009).

［95］ Dahlquist, M., EngstrÖm, S., SÖderlind, P., "Performance and Characteristics of Swedish Mutual Funds", *Journal of Financial and Quantitative Analysis* 18 (35), 2000, pp409 – 423.

［96］ Datar, V. T., Naik, N. Y., Radcliffe, R., "Liquidity and Stock Returns: An Alternative Test", *Journal of Financial Markets* 1 (1998).

［97］ Dichev, I. D. "Is the Risk of Bankruptcy a Systematic Risk", *Journal of Finance* 53 (1998).

［98］ Driscoll, J. C., Kraay, A. C., "Consistent Covariance Matrix Estimation with Spatially Dependent Panel Data", *Review of Economics and Statistics* 80 (1998).

［99］ Eckbo, B. E., Norli, Ø., "Liquidity Risk, Leverage and Long – Run IPO Returns", *Journal of Corporate Finance* 11 (2005).

［100］ Elton, E. J., Gruber, M. J., Blake, C. R., "The Persistence of Risk – Adjusted Mutual Fund Performance", *Journal of Business* 69 (1996).

［101］ Eoghan, N., Michael, D., "Profitability and Investment Factors for UK Asset Pricing Models", *Economics Letters* 125 (2014).

[102] Fabozzi, F. J. , *Encyclopedia of Financial Models* (Hoboken, NJ, US: Wiley & Sons, Inc. , 2013) .

[103] Fama, E. F. , MacBeth, J. D. , "Risk, Return and Equilibrium: Empirical Tests", *Journal of Political Economy* 81 (1973) .

[104] Fama, E. F. , French, K. R. , "The Cross – Section of Expected Stock Returns", *Journal of Finance* 47 (1992) .

[105] Fama, E. F. , French, K. R. , "Common Risk Factors in the Returns on Stocks and Bonds", *Journal of Finance* 33 (1993) .

[106] Fama, E. F. , French, K. R. , "Size and Book – to – Market Factors in Earnings and Returns", *Journal of Finance* 50 (1995) .

[107] Fama, E. F. , "Market Efficiency, Long – Term Returns, and Behavioral Finance", *Journal of Financial Economics* 49 (1998) .

[108] Fama, E. F. , French, K. R. , "Profitability, Investment and Average Returns", *Journal of Financial Economics* 82 (2006) .

[109] Fama, E. F. , French, K. R. , "A Five – Factor Asset Pricing Model", *Journal of Financial Economics* 116 (2015a) .

[110] Fama, E. F. , French, K. R. , "International Tests of a Five – Factor Asset Pricing Model", http://ssrn. com/abstract = 2622782, 2015b – 12 – 25.

[111] Gao, Y. , Mao, C. X. , Zhong, R. , "Divergence of Opinion and Long – Term Performance of Initial Public Offerings", *Journal of Financial Research* 29 (2006) .

[112] Gibbons, M. , Ross, S. , Shanken, J. , "A Test of the Efficiency of a Given Portfolio", *Econometrica* 57 (1989) .

[113] Gompers, P. A. , Lerner, J. , "The Really Long – Run Performance of Initial Public Offerings: The Pre – Nasdaq Evidence",

Journal of Finance 58 （2003）.

［114］ Grinblatt, M., Titman, S., "A Study of Monthly Mutual Fund Returns and Performance Evaluation Techniques", *Journal of Financial and Quantitative Analysis* 29 （1994）.

［115］ Gruber, M. J., "Another Puzzle: The Growth in Actively Managed Mutual Funds", *Journal of Finance* 51 （1996）.

［116］ Hoechle, D., Schmid, M. M., Zimmermann, H., "Decomposing Performance", http://ssrn. com/abstract = 963568, 2016 - 03 - 11.

［117］ Hou, K., Xue, C., Zhang, L., "Digesting Anomalies: An Investment Approach", *The Review of Financial Studies* 28 （2015）.

［118］ Huang, J., Sialm, C., Zhang, H., "Risk Shifting and Mutual Fund Performance", *Review of Financial Studies* 24 （2011）.

［119］ Kacperczyk, M., Sialm, C., Zheng, L., "On the Industry Concentration of Actively Managed Equity Mutual Funds", *Journal of Finance* 60 （2005）.

［120］ Kang, W., Zhang, H., "Measuring Liquidity in Emerging Markets", *Pacific - Basin Finance Journal* 27 （2014）.

［121］ Lakonishok, J., Shleifer, A., Vishny, R. W., "Contrarian Investment, Extrapolation, and Risk", *Journal of Finance* 49 （1994）.

［122］ Lee, C. F., Lee, A. C., Lee, J., *Handbook of Quantitative Finance and Risk Management* （Boston, MA, US: Springer Press, 2010）.

［123］ Lindahl - Stevens, Mary, "Redefining Bull and Bear Markets", *Financial Analysts Journal* 36 （1980）.

［124］ Lintner, J., "The Valuation of Risk Assets and the Selection of

Risky Investments in Stock Portfolios and Capital Budgets", *Review of Economics and Statistics* 1 （1965）.

[125] Liu, W., "A Liquidity – Augmented Capital Asset Pricing Model", *Journal of Financial Economics* 82 （2006）.

[126] Long, J. B., "Stock Prices, Inflation, and the Term Structure of Interest Rates", *Journal of Financial Economics* 1 （1974）.

[127] Loughran, T., Ritter, J., "The New Issues Puzzle", *Journal of Finance* 50 （1995）.

[128] Markowitz, H., "Portfolio Selection", *Journal of Finance* 7 （1952）.

[129] Massa, M., Patgiri, R., "Incentives and Mutual Fund Performance: Higher Performance or Just Higher Risk Taking? ", *Review of Financial Studies* 22 （2009）.

[130] Merton, R. C., "An Intertemporal Capital Asset Pricing Model", *Econometrica* 41 （1973）.

[131] Miller, M., Modigliani, F., "Dividend Policy, Growth, and the Valuation of Shares", *Journal of Business* 34 （1961）.

[132] Ming, D., Jean – Sébastien, M., Ari, P. J., "Underwriter Quality and Long – Run IPO Performance", *Financial Management* 40 （2011）.

[133] Novy – Marx, R., "The Other Side of Value: The Gross Profitability Premium", *Journal of Financial Economics* 108 （2013）.

[134] Pástor, L., Stambaugh, R. F., "Liquidity Risk and Expected Stock Returns", *Journal of Political Economics* 111 （2003）.

[135] Pollet, J. M., Wilson, M., "How Does Size Affect Mutual Fund Behavior? ", *Journal of Finance* 63 （2008）.

[136] Prather, L., Bertin, W. J., Henker, T., "Mutual Fund Characteristics, Managerial Attributes, and Fund Performance", *Review of Financial Economics* 13 (2004).

[137] Ritter, J. R., "The Long – Run Performance of Initial Public Offerings", *Journal of Finance* 46 (1991).

[138] Ritter, J. R., Welch, I., "A Review of IPO Activity, Pricing, and Allocations", *Journal of Finance* 57 (2002).

[139] Ross, S. A., "The Arbitrage Theory of Capital Asset Pricing", *Journal of Economic Theory* 13 (1976).

[140] Schultz, P., "Pseudo Market Timing and the Long – Run Underperformance of IPOs", *Journal of Finance* 58 (2003).

[141] Sharpe, W. F., "Capital Asset Prices: A Theory of Market Equilibrium under Conditions of Risk", *The Journal of Finance* 19 (1964).

[142] Sharpe, W. F., "Mutual Fund Performance", *The Journal of Business* 39 (1966).

[143] Stattman, D., "Book Values and Stock Returns", *The Chicago MBA: A Journal of Selected Papers* 4 (1980).

[144] Su, C., Bangassa, K., Brookfield, D., "Long – Run Performance of Chinese Initial Public Offerings: Further Evidence", *Asia-pacific Journal of Financial Studies* 40 (2011).

[145] Wu, C., Kwok, C., "Long-Run Performance of Global Versus Domestic Initial Public Offerings", *Journal of Banking and Finance* 31 (2007).

[146] Zheng, L., "Is Money Smart? A Study of Mutual Fund Investors' Fund Selection Ability", *Journal of Finance* 54 (1999).

后　记

本书是在我的博士论文的基础上修改而成的。

首先，感谢我的导师周孝华教授。无论是在博士报考阶段，还是在入学后的学习阶段抑或论文的写作过程中，周老师都给予了我悉心的指导和帮助。周老师性格随和、平易近人。在相处过程中，周老师给予了我充分的理解、包容和信任。在期刊论文的发表和博士论文的写作过程中，无不包含着周老师的辛劳。论文的选题、研究的展开直到博士论文的初稿完成，每一阶段都是在周老师认真的指导和教诲下完成的。周老师慎重的处世态度和严谨的治学态度都是即将走上工作岗位的我学习的榜样。

其次，要感谢我的家人，没有他们的理解和支持，我不能坚持完成学业并有一个自己理想的未来。此外，还要感谢我的师兄师弟、师姐师妹和同学、室友等，他们在我的学习和生活中给我提供了大量的帮助。

最后，本书的出版得到了南昌大学一流学科建设专项经费的资助，南昌大学经济管理学院刘耀彬院长也给予了我热心的指导。刘院长不仅是我们学习的榜样，也为我们新进博士在科研和生活等方面提供了大量的便利，在此特致谢意！来到南昌大学，我充分感受到了经济管理学院大家庭的温暖。希望自己能与学院共同发展，创造更辉煌的未来！

高春亭

于南昌大学前湖校区外经楼经济管理学院

2018 年 4 月 8 日星期日

图书在版编目（CIP）数据

五因子资产定价模型及实证应用 / 高春亭著. -- 北京：社会科学文献出版社，2018.7
（南昌大学青年学者经管论丛）
ISBN 978 - 7 - 5201 - 2885 - 8

Ⅰ. ①五…　Ⅱ. ①高…　Ⅲ. ①证券市场 - 定价模型 - 研究 - 中国　Ⅳ. ①F832.51

中国版本图书馆 CIP 数据核字（2018）第 126153 号

南昌大学青年学者经管论丛
五因子资产定价模型及实证应用

著　　者 / 高春亭

出 版 人 / 谢寿光
项目统筹 / 周　丽　高　雁
责任编辑 / 王楠楠　王红平

出　　版 / 社会科学文献出版社·经济与管理分社（010）59367226
　　　　　　地址：北京市北三环中路甲 29 号院华龙大厦　邮编：100029
　　　　　　网址：www. ssap. com. cn
发　　行 / 市场营销中心（010）59367081　59367018
印　　装 / 三河市尚艺印装有限公司

规　　格 / 开　本：787mm × 1092mm　1/16
　　　　　　印　张：11.75　字　数：153 千字
版　　次 / 2018 年 7 月第 1 版　2018 年 7 月第 1 次印刷
书　　号 / ISBN 978 - 7 - 5201 - 2885 - 8
定　　价 / 75.00 元